米中戦争を阻止せよ

トランプの参謀たちの暗闘

村野 将
Murano Masashi

PHP新書

まえがき

◆「もしトラ」の議論への違和感

ここ1年ほど、日本からワシントンD.C.を訪れる多くの人びとから聞かれたのは、「もしトランプが大統領に再選したら（米国はどうなるか／日米関係はどうなるか）」についてであった。

国内政治上の混乱や分断が囁《ささや》かれて久しいこの国（との関係）がこれからどうなっていくのか。そこに関心が集まるのは自然なことではあるが、こうした「もしトラ」に関する質問を何度も尋ねられるうちに、筆者はちょっとした違和感を覚えるようになった。というのも、大統領選挙に関する話題は、ワシントンのシンクタンクで日々行なわれている議論のなかで、必ずしも支配的なテーマではなかったからである。

こうしたことを言うと、国際会議の常連参加者やメディアの方々から「そんなはずはない」という反論が聞こえてきそうだが、こうした認識ギャップが生まれたのには、おそらくいくつかの理由がある。

1つには、筆者のやや特殊な事情が関係している。

筆者が所属するハドソン研究所は、共和党に近い保守系シンクタンクとして知られており、トランプと予備選を争ったニッキー・ヘイリー（元国連大使）を筆頭に、マイク・ポンペオ（元国務長官）、H・R・マクマスター（元国家安全保障担当大統領補佐官）、ナディア・シャドロウ（元国家安全保障担当大統領次席補佐官）、ケン・ワインスタイン（第1期トランプ政権で駐日大使に指名）、マイク・ギャラガー（元下院中国特別委員会委員長）、アレックス・ウォン（元北朝鮮担当特別副代表、第2期トランプ政権で国家安全保障担当大統領次席補佐官に就任）――など、閣僚経験者を含む共和党系の人材が多数在籍している。

彼らのような今後なんらかの形で共和党を担っていくであろう人びとにとって、トランプのあらゆる発言を全肯定できるほどの思い切りのよさがない限り、選挙戦の最中にトランプの話題に触れることはかなりリスキーで、センシティブにならざるを得ない。

そのため、いくらオフィス内という限られた場であっても、大統領選に関する話を大っぴらにできるわけではない。またセンシティブさという点では、現役の米国政府職員や軍人にも似たような事情がある。

ただそうした事情を差し引いても、「トランプとハリス（バイデン）のどちらが勝つか」といったような話は、筆者の周りで行なわれている議論の表層にすぎなかった。ワシントンの政策コミュニティ内では、「今後4年間で、我々は何を成し遂げなければならないか」という実務的な議論が切迫感をもって行なわれている。

政権交代を見据えた人材のプールである米国のシンクタンクは、他国のシンクタンクや大学等のアカデミアと比べて、政策志向が非常に強い。もちろん、シンクタンカーは政策実務者そのものではないが、毎日のように米国内外の政府や議会、官公庁、軍関係者らと議論を交わしながら政策に直結する仕事をし、国民や政治指導者が必要とする政策判断の材料を提供するという点においてはたんなる傍観者でもない。

つまり、たとえ時の政権で直接実務を担っていないとしても、彼らには政策実務者とともに何らかの形で政策立案に携わっているという当事者意識があるのだ。

このような当事者意識は、日本の外交・安全保障論壇ではしばしば欠けがちな要素と言えるだろう。

そもそも「〇〇はどうなっていくのか」という問いは、「自分はどうしたいのか」という当事者意識と表裏一体になって初めて意味がある。

日本における国際情勢判断の第一人者で筆者の上司・恩師でもあった岡崎久彦は、「全ての戦略の基礎には、良質の情報と正確な情勢判断がある」として、とりわけ米国の動向を重視していたことで知られているが、それは中国やロシア、北朝鮮といった日本にとっての脅威対象を分析することと、同盟国である米国を分析することには本質的な違いがあるからでもあった。

実際、最近の日米首脳会談や日米安全保障協議委員会――いわゆる「2プラス2」――で発表される共同声明を見ても明らかなように、現在の日米間で行なわれている外交上のやり取りでは、両国間で「対立する課題」の解決に向けた取り組みよりも、両国に「共通する課題」の解決に向けた取り組みに圧倒的に多くの時間を割いている。

また、近年日本とさまざまな国との間で安全保障協力の多角化が進められているなかでも、米国が日本の唯一の同盟国であるという事実は戦後一貫して変わっていない。それに加えて、日米韓、日米豪、日米比、日米豪印（ＱＵＡＤ《クアッド》）、日米豪比などの多くの多国間枠組みの中心には、つねに日米同盟が存在している。

これらを踏まえると、日本の安全保障政策の将来を考えるうえで、米国政治の行方を天気予報のように予想して、それに右往左往するのは建設的ではないだろう。本書を読み進めるにあたっては、読者の皆様にも「２０２５年から２０２８年の４年間で、我々（日米）は何を成し遂げなければならないか」という当事者意識をつねに頭の片隅においていただきたいと思う。

◆台湾有事を阻止せよ

では、２０２５―２０２８年という時間軸において、日米両国が規定すべき戦略上の優先事項とは何なのだろうか。

米国では、政権ごとに「国家安全保障戦略（National Security Strategy：ＮＳＳ）」や「国家防衛戦略（National Defense Strategy：ＮＤＳ）」といった戦略文書が策定されるが、第1期トランプ政権とバイデン政権のいずれにおいても、「中国との戦略的競争（における米国〔西側陣営〕の優位獲得）」が最優先事項とされてきた。

同様に、2022年12月に策定された日本の「国家安全保障戦略」でも、中国は「わが国の平和と安全及び国際社会の平和と安定を確保し、法の支配に基づく国際秩序を強化するうえで、これまでにない最大の戦略的な挑戦」として位置づけられている。

しかしながら、戦略的競争の先にある最終的なゴールをどう定義するのか、あるいは競争に打ち勝つためにどのような手段を用いるのかといった点については、それ自体がかなり論争的なテーマであり、いまだ明確な共通認識はでき上がっていない。

また、日本の戦略／安保三文書（2022年12月に「国家安全保障戦略」と同時に発表された「国家防衛戦略」「防衛力整備計画」を加えた3つの文書）においても、国際関係や米中間の地政学的競争が激化していることには触れられているものの、これらは客観的な情勢として説明されるにとどまり、そうした競争の中に日本自身をどう位置付けるかについては解釈の余地を残している。

ただそうはいっても、長期的な競争の先にどのようなゴールを見据えるにせよ、そこに向かうまでに絶対に譲ることのできない最低限の目標（ボトムライン）を定義することはできるはずだ。

それは端的に言えば「台湾有事の阻止」ということになろう。詳しくは各章で議論するが、台湾問題は、米中という基本的な価値観の異なる大国同士の譲れない利益をめぐる争いであり、もし武力衝突に発展してしまった場合には、史上初めて核大国同士が互いの通常戦力を限界まで消耗するような高烈度の紛争になる可能性が高い。

つまり、２０２５―２０２８年という第２期トランプ政権の４年間は、台湾問題が表面化するのを当面先延ばしにするための抑止策を実践していく期間であると同時に、いずれそれが避けられないのであれば、中国が仕掛けてくる戦争を最小限の犠牲で戦い、それを我々にとって有利な形で終結させるのに必要となる「意思」と「能力」を備えるための準備期間と位置付けられる。

◆日本からは見えない米国の戦略コミュニティ

ところでワシントンでは、大小問わず、さまざまな国際会議やワークショップが毎日のように開かれている。それらのうち日本人が招待・参加を許されるのは、日米や日米韓、最近では台湾やＮＡＴＯ（北大西洋条約機構）といった特定の地域情勢を土台として、関係国との協力や課題、将来の展望を議論する場であることが圧倒的に多い。

実際、筆者の業務の半分はそうした会議に出席することなのだが、このような会議は同盟国ないし地域諸国の関心に耳を傾けること自体が目的であり、それに合わせて米国の国内政治情勢が自然と１つのテーマとして取り上げられる。

ここでの主役は、官民学の地域専門家である。地域専門家は、「日本」「中国」「韓国」「北朝鮮」といった国、より広くは「アジア」や「インド太平洋」といった地域の政治・経済・社会情勢に関する幅広い知識や実務経験をもっており、その多くは現地の言語にも精通している。

そしてこのような場を通じて、日本の米国専門家と米国の日本／アジア専門家、さらには外務・防衛を中心とする両国の政府関係者、経済界の関係者などが加わる形の「日米コミュニティ」が形成されている。

日本のメディアにたびたび登場する「知日派」と呼ばれる人びとも、多くはこの日米コミュニティの住人だ。互いの地域専門家を通じて、互いの国内情勢を理解する——今日の日米同盟は、こうしたコミュニティ内での絶え間ないやり取りによって支えられてきたと言っても過言ではない。

ただその一方で、米国の戦略形成過程において、日本で名前が知られているような知日派の声が届くのは、対日政策、対中政策、アジア政策といった特定の地域政策までであり、米軍の戦力態勢のあり方や新たな運用構想の開発といった、国防戦略の中核的要素に与える影響は非常に限られている。

では、より上位の戦略形成に主導的役割を果たしているのはどのような人びとなのか。それが「戦略コミュニティ」と呼ばれる人びとである。このコミュニティは、日本や中国、アジアといった特定地域の専門家ではなく、核戦略や軍備管理、戦力計画、ウォーゲームや政策シミュレーション、予算分析といった機能領域の専門家によって構成されている。

彼らの多くは、知日派のように流暢《りゅうちょう》な日本語を話せるわけでもなければ、出張で年に何度も東京を訪れたりすることもないため、日本ではあまり知られていない（このコミュニティには、国防長官室や統合参謀本部、各軍司令部など、外部とのアクセスに制約がある部署で勤務している人びとも多く含まれる)。

筆者が彼らと接点をもったのは、筆者がたまたま核戦略や戦略論を専門にしていたことがきっかけであった。戦略コミュニティには、第一の専門領域というわけでなくても、核戦略や抑止論を基礎教養的に身につけている人が少なくない。

これは戦略コミュニティの源流が、米ソ冷戦中に「ベスト・アンド・ブライテスト」と呼ばれていた人たちによって形成されたことが大きいが、最近では核戦略のような伝統的分野だけでなく、宇宙やサイバー、電磁波、AI(人工知能)といった新たな分野にもコミュニティの広がりを見せている。

日米コミュニティと戦略コミュニティでは、会議やワークショップの形式やそこで交わされる議論の内容も大きく異なる。一般的に、地域専門家が集まる場における報告は、それぞれから見た地域情勢の分析や、各国が行なっている政策の現状説明が大半を占める。日本人の報告者が戦略三文書の内容や永田町の政局、日本での大統領選挙の受け止め方を、米国人の報告者がバイデン政権の戦略文書や大統領選挙の争点、日本の新政権に対するワシントンの期待や懸念を論じるといった具合だ。これは、両国の政治的な雰囲気を定点観測的に共有するには非常に有益である。

一方、戦略コミュニティで議論されるのは、「限りあるリソースを投資していく際の優先順位を決めるのはどのような要素なのか」「敵の思考の裏をかき、彼我の優劣を逆転させるには何が必要なのか」「限定核使用に踏み切った敵にさらなるエスカレーションを諦めさせ、戦争を終結に導いていくためにはどのような条件を揃える必要があるのか」といった論点である。

こうした問いの前では、発言者は「何人か（どこの国の視点で話しているのか）」は地域専門家が集まる場ほどの重要性をもたず、直面している課題に対していかに創造的かつ具体的な解決策を提示できるかが求められる。

当然ながら、戦略コミュニティは超党派のコミュニティであり、そこでは「誰が次の大統領になるか」といったことは主要な論点にはなり得ない。米国と同盟国が直面する戦略的な課題を特定することに焦点を合わせ、問いと思索を繰り返しながら、次の政権における戦略の素地を形成していくのだ。

両者の雰囲気の違いからもおわかりいただけるように、地域専門家を中心に構成される日米コミュニティと、機能領域の専門家で構成される戦略コミュニティの間には接点があまりなく、米国人同士であっても互いを知らないことが少なくない。ましてや両者と接点のある日本人となると、片手で数えられる程度しかいないのが現状だ。

そこで本書では、ここ数年で筆者が参加してきた会議やワークショップでの議論に基づく論考と、ＰＨＰ研究所の月刊誌『Ｖｏｉｃｅ』の企画として行なった米国を代表する戦略家や政策実務者との対話を通じて、戦略コミュニティでどのような議論が行なわれているかの一部をご紹介する。

まず第1章および第2章では、近年戦略コミュニティが焦点を当ててきた2つの深刻な課題――リソース制約下における世界同時紛争リスクと、限定核戦争リスクの問題――について取り上げる。

もともとこれらの問題は、米国の戦略コミュニティでは第1期トランプ政権以前から議論されていたが、日本をはじめそれ以外のコミュニティでは２０２２年2月にロシア・ウクライナ戦争が始まるまでほとんど注目されておらず、現在でも構造的な理解が進んでいるとは言い難い状態にある。

とくに米国では、リソース制約下で複数の敵対勢力に対する抑止を維持し続けるためには、部分的に核兵器への依存を増やすこともやむを得ない、との考えが超党派の共通認識となりつつある。そうした考えが日本でどこまで賛同を得られるか（そして本当に有効なのか）は未知数であるが、少なくとも議論をなるべく具体的状況に当てはめて想像し、理解しようとする試みは必要だと考えた。

台湾有事において「核がどう使われる可能性があるか」だけでなく、「（我々が）核をいつ、どこで使う必要があるか」を議論した書籍は、おそらく日本語ではこれが初めてだと思う。

第3章では、「ペンタゴンのヨーダ」と呼ばれた伝説の戦略家アンドリュー・マーシャルの右腕として、長年にわたって米国の国防戦略の立案に携わり、歴代国防長官にさまざまな助言を行なってきたアンドリュー・クレピネビッチとともに、ロシアによるウクライナ侵攻や中国の核軍拡をめぐる問題を議論している。また、米国随一の戦略家が、近年の日米同盟が抱える課題をどう捉えているかについても尋ねた。

第4章では、第1期トランプ政権で国家安全保障問題担当大統領補佐官を務めたH・R・マクマスターと、日米両国の安保戦略や国防戦略について議論している。第1期トランプ政権では2017年「国家安全保障戦略」をとりまとめる立場にあった彼が、日本の戦略三文書やバイデン政権の戦略をどのように評価しているのかを率直に語ってくれている。

第5章では、第1期トランプ政権で2018年「国家防衛戦略」の策定を主導し、第2期トランプ政権では国防省のナンバー3に当たる政策担当国防次官を務めるエルブリッジ・A・コルビーとともに、リソース制約下における日米両国の戦略の優先順位づけに関する突っ込んだ議論を行なった。「米国が最優先すべきは中国への対処だ」というコルビーのブレない主張は心強いが、日本のGDP比2%程度の防衛努力は「真剣さが足りない」と手厳しい。ここで展開されているようなコルビーの議論からは、第2期トランプ政権の国防戦略の輪郭をある程度想像していただけるだろう。

第6章では、ピークを迎えつつある国家としての中国の危険性を論じた『デンジャー・ゾーン』（飛鳥新社）の共著者であるマイケル・ベックリーとともに、台湾有事のあり方について議論した。かつてベックリーは、中国にとって台湾侵攻作戦がいかに困難であるかを論証する論文を書いているが、彼はその評価を改め、いまや侵攻リスクに対して真面目に備える必要があると述べている。

そして終章では、これまでの議論を踏まえ、2025―2028年という時間軸のなかで、日米が取り組むべき安保政策と具体的な行動につながる提言をまとめている。

本書が、日本からではなかなか見えない米国の戦略論議を理解し、一人ひとりが当事者意識をもって日本の安全保障や防衛のあり方について考えるきっかけになれば幸いである。

米中戦争を阻止せよ

目次

まえがき

第1章　世界同時紛争リスクに備えよ

第2章 台湾有事における限定核戦争リスク

第3章

米中露「核三極体制」の時代

アンドリュー・クレピネビッチ × 村野 将

第6章 台湾有事、最も危険なシナリオ

マイケル・ベックリー × 村野 将

終章

日本の安全保障政策をアップデートせよ

第1章

世界同時紛争リスクに備えよ

「ウクライナ侵攻のわずか数日前に結ばれた中国とロシアの『無制限』のパートナーシップは、いまやイランや北朝鮮との軍事的・経済的パートナーシップを含むまでに深化・拡大している。この新たな連携は、どこであれ紛争が多国間戦争や世界規模の戦争に発展する現実的なリスクを生み出している」

（2024年版米国防戦略委員会報告）

◆同時多発的な紛争リスクの顕在化

本章では、近年米国の戦略コミュニティが焦点を当ててきた深刻な課題である、リソース制約下での世界同時紛争リスクへの対応について取り上げる。

今日、日米で安全保障の政策実務に当たる人びとの間では、中国への対処を国家安全保障上の最優先事項に位置付けるという点については、概ね共通認識ができ上がりつつある。

しかし近年、国際安全保障環境が悪化し、世界中で同時多発的な紛争・危機リスクが顕在化しているなかにおいて、米国と日本を含む同盟国はその限られたリソースを最適に配分できているのか、という点が疑問視されるようになってきた。

これは戦略コミュニティでは、「戦略的同時性（strategic simultaneity）問題」や「第二戦域（second theater）問題」などと呼ばれているが、もう少しわかりやすく言えば「世界同時紛争リスク」もしくは「多正面同時対処問題」という意味だと思っていただければよいだろう。

日本では、これらの問題は２０２２年2月のロシアによるウクライナ侵攻をきっかけに議論され始め、２０２３年10月以降に中東情勢の不安定化が加速したことで、より注目されるようになった印象がある。

しかし、リソース制約下での多正面危機リスクは、米国の戦略コミュニティでは２０１８年ごろ——すなわちトランプ政権の「国家防衛戦略」（２０１８ＮＤＳ）が策定されるころ——にはすでに議論され始めていた問題であった。

議論のきっかけがなぜ第1期トランプ政権と時を同じくしているのか。それを理解するには、米国の国防戦略がどのように変遷してきたかについて触れる必要がある。

◆米国の「二正面戦略」の変遷

これまで米国では、国防戦略に相当する数多くの戦略文書が公表されてきたが、それらには戦略の裏付けとなる「戦力構成基準（force-sizing construct）」と呼ばれる概念が存在する。戦力構成基準とは、将来対処しなければならない可能性の高い紛争や危機に合わせた、米軍の最適な規模や能力を示す概念である。

これらは米国防省が想定する戦争計画と密接に関連しているため、正確な内容が同時代的に公表されることは稀《まれ》であり、その内実はのちの資料研究などで断片的に明らかにされていくものである（2018年および2022年「国家防衛戦略」についても一般にアクセスできるのは公開版のみであり、戦力構成基準が示されているとされる非公開版は、セキュリティ・クリアランス保持者にしか閲覧が許されていない）。

伝統的に米軍はいわゆる「二正面戦略」を採用してきたと言われるが、それが意味するところは時代によって異なる。

冷戦初期の二正面戦略とは、ソ連と中国に同時対処可能な戦力を構築することを目的としたものであった。これがニクソン政権の1970年代に入ると、次第に強大化する中国とソ連を同時に相手にするだけの戦力を構築するのは難しいと判断され、目標をソ連との大規模紛争ともう1つの小規模紛争への同時対処能力を残すという形に変更された。いわゆる「1と1／2戦略」である。

次に転機が訪れるのは1990年代である。このとき米軍は、冷戦の終結によってソ連との大規模紛争を想定する必要はなくなったものの、2つの主要な地域紛争を同時に戦う能力は維持することを目標とした。当時想定されていたのは、イラクによる周辺国への再侵攻シナリオと、北朝鮮による韓国攻撃シナリオへの同時対処であったとされている。

ところが、1990年代の中東と朝鮮半島では、当時の戦略計画者らが想定していたような規模の紛争は発生しなかった。その後発生したのが2001年9月の米国同時多発テロである。これにより、2000年代の米国は別の意味での「二正面」、すなわちアフガニスタンとイラクにおける対テロ戦争を実際に戦っていくことになる。

ただし、これらの対テロ戦争がこれまでの前提としていた戦争と大きく違っていたのは、米軍は絶対的な航空優勢を確保したうえで、自分よりも弱い敵を一方的に攻撃するという戦い方を可能としていたことだった。同様に地上での戦いの焦点も、冷戦期に想定され湾岸戦争で実際に行なわれたような正規軍同士の機甲戦から、ベトナム戦争以来となる対叛乱《はんらん》作戦および安定化作戦に軸足をシフトさせていった。

◆第1期トランプ政権の「一正面戦略」

この認識が変化していくのがオバマ政権後期である。2014年のロシアによるクリミア侵攻、中国の急速な軍拡や南シナ海での現状変更を目《ま》の当たりにした戦略コミュニティの政策実務者や専門家は、戦略の焦点を「大国間競争／戦略的競争」に回帰させる必要性を認識するようになり、第1期トランプ政権の誕生によって、この方針がより明確化されるようになっていった。

ドナルド・トランプ米大統領（写真提供：EPA＝時事）

だが、冷戦終結後の約30年間で失われたものは大きく、米軍が全勢力を結集して立ち向かわなければならないような核武装した現状変更国（中国とロシア）を同時に抑止するにはあらゆるリソースが不足していた。

そこでトランプ政権の2018年「国家防衛戦略」では、二正面戦略を追求することはリソースの制約上もはや不可能であることを認めたうえで、有事には1つの大国との戦争に勝利することに集中し、その他の地域で起こりうる危機については抑止に徹するとされた。

非公式には「一正面戦略（one war

strategy）」と呼ばれるようになるこの戦略転換を主導したのが、当時戦略・戦力開発担当国防次官補代理を務め、第2期トランプ政権では政策担当国防次官を担うエルブリッジ・A・コルビーである（第5章）。

しかしながら、米軍のリソースを1つの正面に集中させるということは、相対的に優先順位の低い第二正面に一時的な力の空白を生じさせ、その間にもう一方の敵対勢力が現状変更を行なう機会を与えてしまいかねないリスクもある。

このリスクの重大性を指摘していたのが、歴代政権の国防戦略の立案に関わってきた元政府高官や予算分析の専門家で構成された超党派専門家パネル・国防戦略委員会の2018年版報告である。同委員会の報告は、2018年「国家防衛戦略」が設定した目標――中国・ロシアとの戦略的競争に備えるという方向性――を評価しつつも、両国と対峙するのに必要な作戦構想を具体的に定義できていないことや、予算的裏付けが不足していることを指摘しており、このままでは台湾や南シナ海、東欧を想定した中国・ロシアとの対決において「米軍は敗北する可能性がある」と結論づけていた。

もっとも、一正面戦略の支持者らはそのリスクに無自覚であったわけではない。コルビーが第5章で語っているように、国防予算の増額はもっと以前の段階でやっておくべきだったことであり、政治が抜本的な予算増を認めないなかで中国対処を優先するならば、それ以外の地域で一定のリスクが生じることはやむを得ない、という苦渋の決断の結果であった。

◆米国が中露を同時に抑止するのは困難

次のバイデン政権は、歴代政権と同様に就任後の早い段階で国防戦略の見直しに着手した。その間の2022年2月にはロシアによるウクライナ侵攻が発生したものの、同年10月に発表された2022年「国家防衛戦略」においても一正面戦略を基本とする戦力構成基準は変更されていない。

この点につき、新たに組織された国防戦略委員会の2024年版報告には、「米国が直面している脅威は、1945年以来、米国が遭遇《そうぐう》してきたなかで最も深刻かつ最も困難なものであり、近い将来大規模戦争の可能性を含んでいる」「2022年『国家防衛戦略』の戦力構成は、グローバルな競争や、複数の戦域における同時紛争の非常に現実的な脅威を十分に考慮しておらず、必要な能力と規模の両方が欠けている」といった厳しい評価が並んだ。そのうえで、「米国本土を防衛し、インド太平洋、欧州、中東における同時多発的脅威に対処できる規模の多正面戦力構成」をめざすべきとの提言がなされている。

２０２４年12月に成立した国防権限法によると、会計年度（ＦＹ）２０２５年の米国防予算は８９５２億ドル（約１３９兆円）で、対ＧＤＰ比で約３％となる見込みである。これは２０２７年までにようやくＧＤＰ比２％水準を達成しようとしている日本の防衛支出と比べればだいぶ多いように映るかもしれない。

だが歴史を振り返れば、米国のＧＤＰに占める国防予算の割合は、朝鮮戦争中（１９５２年）には16・９％、ベトナム戦争中（１９６７年）には８・６％に達していた。米国が直面する安全保障環境が「１９４５年以来、最も深刻」とされているにもかかわらず、現在の支出水準は、冷戦終結後の米国一強時代（１９９９年）の２・９％とほとんど変わらないのである。

米国防予算の対GDP比の推移

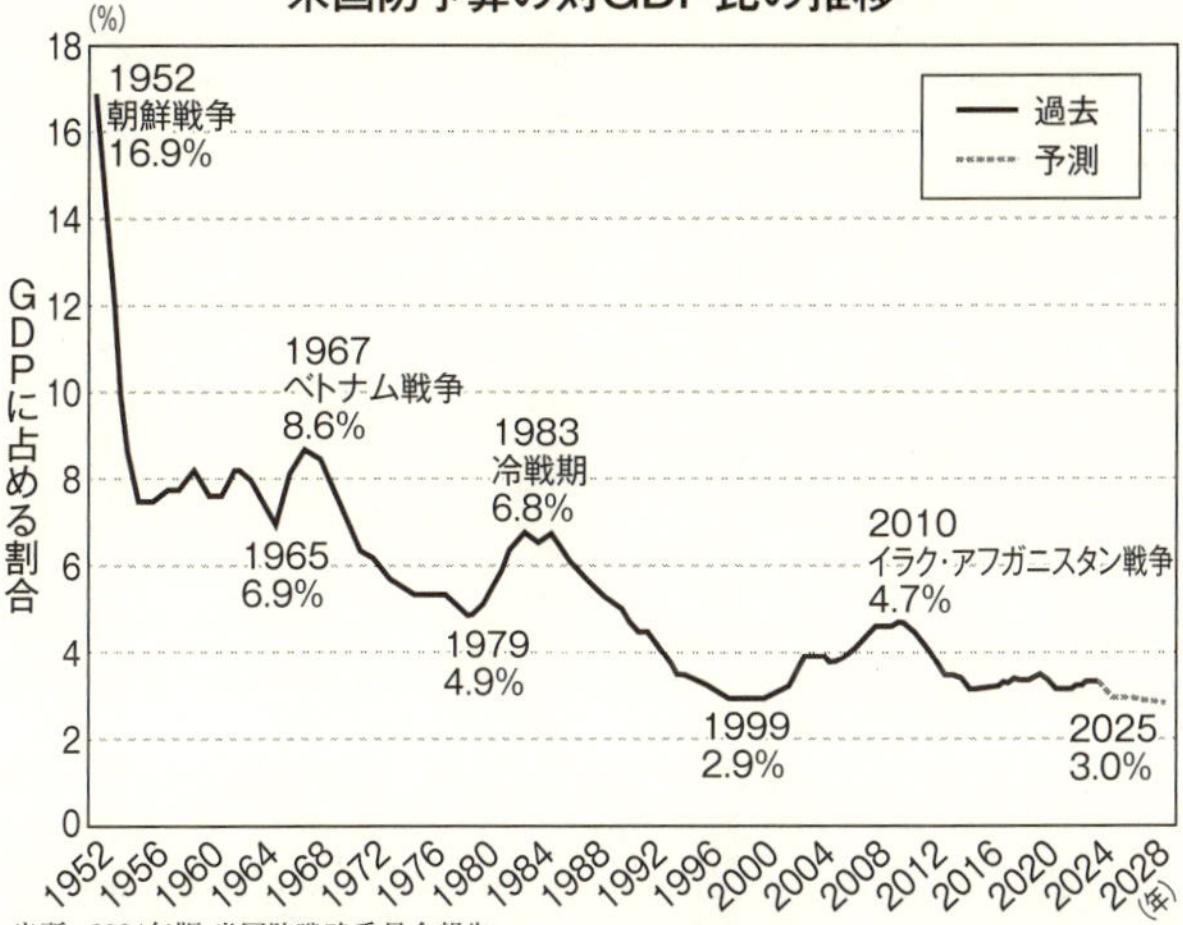

出所：2024年版 米国防戦略委員会報告

だがこれも、コルビーが言うように、冷戦期並みの国防支出を容易に許さない米国世論と国内政治の現実を反映したものと見ることもできる。

「力による平和」をスローガンとする第２期トランプ政権は、会計年度２０２６年以降の国防予算をある程度増額させる方向に進むと予想されるが、それでも国防戦略委員会が推奨する多正面戦力構成を実現するレベルの劇的な増額を期待するのは現実的ではないだろう。

仮にそのような大幅増額があったとしても、中国とロシアという２つの核大国に加えて、それ以外の地域で生じうる紛争を同時に抑止、対処しうる戦力――装備や弾薬、人員、産業基盤――を構築するには10年単位の継続的な投資が必要であり、それまでの間に地域間で何らかのトレードオフが生じることは避けられない。

そのため我々は、こうした現実から目を背けるのではなく、トレードオフの存在を認めつつ、そのリスクをいかに管理するかを考える必要がある。

◆機会型複合危機シナリオ

さまざまな危機や紛争が同時または連続して発生するリスクがあるとすれば、それらの脅威はどのように顕在化するのだろうか。次ページの図表は、多様な世界同時紛争リスクのあり方を大まかに類型化するため、地理的に離れた2つの敵対勢力の力関係と、2つの紛争がどの程度の時間差をあけて起こるかを示したものである。

ここで言う機会型複合危機シナリオとは、2つ以上の敵対勢力が互いに細かに調整することなく、我々の政治的・軍事的リソースが分散されているのを機会（チャンス）と

世界同時紛争リスクの類型

	機会型複合危機	協調型複合危機
同期	反応型台湾＋朝鮮半島連動シナリオ（第一の危機に対する対応が、もう一方の機会主義的野心または警戒心を刺激）	中国主導型台湾＋朝鮮半島連動シナリオ（2つの危機がほぼ同時に発生）
非同期	ウクライナ戦争の長期化→台湾有事シナリオ（2つの危機が一定の時間を空けて発生）	？（2つの危機が時間をずらす形で計画）

（著者作成）

捉えて、それぞれが別々に行動を起こすことにより、米国および西側諸国が対処しなければならないリスクや負担が次々に増えていく状況を指す。

この機会型複合危機シナリオのなかでも、敵対勢力の行動にはさまざまな幅が考えられる。たとえば、すでにある地域で危機や紛争が発生している場合であっても、別の地域の勢力がそれには積極的に関与しないことで相対的優位を獲得するというパターンがありうる。

この点、ウクライナ戦争をめぐるロシアと各国との協力関係の力学は興味深い。ウクライナ戦争において、ロシアが各種ミサイルや砲弾などの軍需品、そして兵員を大量に消耗していることはよく知られている。こうした場合、ミサイルをはじめとする軍需品の大規模生産能力や多くの兵員を抱えるロシアの友好国としては、最初に中国が思い浮かぶはずだ。

しかし、これまでのところ中国は、少なくとも完成品のミサイルをロシアに提供している様子はない（ただし、半導体などの電子部品や構成品の輸出は確認されている）。代わりに、ソ連規格の砲弾や兵員、弾道ミサイルを提供しているのは北朝鮮であり、ミサイルに代わる安価な攻撃手段として徘徊《はいかい》型弾薬（自爆ドローン）を提供しているのはイランという構図が出現している。中国はこうした形で北朝鮮・イランとロシアの軍事協力が緊密化するのを作為的に促したわけではないだろう。

だがこれによって中国は、北朝鮮やイラン、そして西側諸国の軍需品がどんどん消費されていくのを尻目に、自国の備蓄には手をつけることなく、台湾有事で必要となる主要なミサイルや弾薬を温存できていると考えることもできる。

また歴史を振り返ってみても、敵対勢力同士の密接な連携は、紛争が地域をまたいで拡大するかどうかを考えるうえでの必須条件ではない。

たとえば、第二次世界大戦において、日独伊の三国は同盟条約で結ばれていたが、日本が真珠湾攻撃の開始についてドイツやイタリアと事前調整したことはなかったし、ドイツが太平洋正面における日本の対米戦争に加勢したり、日本が独ソ戦に協力することもなかった。

さらに別の機会型複合危機シナリオとしては、台湾有事への対応を目的とした米軍の急速なプレゼンスの拡大や米韓・日米同盟の即応態勢の引き上げが北朝鮮の警戒心を刺激し、予期せぬ反射的行動を引き起こすというパターンも考えられる。

◆協調型複合危機シナリオ

一方、協調型複合危機シナリオとは、敵対勢力の間で相手にコストを課すための協力・連携に関する一定の意思疎通が行なわれている場合を指す。

これにも意思疎通や力関係の程度によってさまざまなパターンが考えられる。2つの勢力が互いの防衛と戦略目標のために関与する同盟に近い形もあれば、「支援するから、陽動を仕掛けろ」といった形で、ある勢力が別の勢力の意思決定に一定の影響力・支配力を行使する場合もありうる。

後者のパターンに最も近いのは、イランとハマス、ヒズボラ、フーシ派などの親イラン派武装勢力（抵抗の枢軸）との関係であろうが、ロシアとベラルーシ、中国と北朝鮮の間にも一定の主従関係が生じる可能性はあるかもしれない。

またロシアと北朝鮮は、2024年6月に締結された「包括的戦略パートナーシップ条約」を通じて、相互防衛義務を有する同盟とまではいかないまでも、ロシア軍に対する朝鮮人民軍兵士の提供といったより緊密な意思疎通を行なう関係になっている。この見返りとして、ロシアから北朝鮮への核・ミサイル関連技術の流入が加速すれば、将来起こるかもしれない朝鮮半島有事の際に、日米韓に向けられる脅威が質的にも量的にも深刻化することになるだろう。

◆ウクライナ戦争の長期化から台湾有事へ

潜在的な非同期・機会型複合危機シナリオの典型例として想定されるのが、ウクライナ戦争の長期化ののちに、それを見た習近平が「いまの米国や西側諸国には、アジアにまで手を回す余裕はないだろう」と判断し、台湾に対する現状変更に乗り出すというケースだ。

こうしたケースに対応するうえでのポイントは、2つの潜在的な紛争の期間を引き延ばし、その間に米国の国防リソースをいかに温存するか、もしくは援助や戦闘で消耗してしまったミサイルや弾薬をどの程度回復させられるかということになる（実際ウクライナ戦争は発生してしまっているから、すでに我々は現在進行形の戦争と、将来起こりうる危機・有事の狭間に置かれていると考えるべきだろう）。

したがって、このシナリオでは第一正面で発生してしまっている紛争をいつ、どのように終わらせるか、という戦争終結のあり方が極めて重要になる。最も理想的な形は、米国の国防リソースを消耗することなく、可能な限り早期に戦争を終わらせることだ。

より具体的に言えば、欧州主導の軍事支援によって、ロシアの通常戦争遂行能力を減殺し、奪われたウクライナの領土を取り戻し、戦況がウクライナ優位に傾いた状態で停戦交渉に持ち込むという形である。

ただ、ロシアをあまりに急速に敗北へと追い込むことにはリスクもつきまとう。これまでに掌握《しょうあく》したウクライナ東部やクリミアを通常戦力だけでは維持できないような状況が生じた場合、プーチンが核エスカレーションに訴える可能性があるからだ（第2章、第3章）。

核エスカレーションの脅《おど》しによって、西側の軍事支援が停滞し、それがウクライナ軍の攻勢の遅延や失敗につながると、その間にロシア軍は通常戦力を回復してしまって戦争がさらに長期化し、我々が二正面危機に直面するリスクがより高まってしまうという状況に陥る。

ロシア軍による占領地域を残したままで停戦を余儀なくされることは、ウクライナにとって受け入れ難いだけでなく、力による現状変更、それも核の脅しを背景とした現状変更の成功という負の前例をつくってしまうことになる。これは米国が主導してきた同盟体制や国際秩序の信頼性に少なくないダメージを与えるだろう。

だが、「ウクライナにとって最悪のシナリオ」は、「日米にとっての最悪のシナリオ」と完全にイコールなわけではない。我々には、ウクライナの敗北よりもさらに悪いシナリオが存在する。それは、（1）欧州で米国が通常戦力を消耗してしまう場合、（2）ロシアが限定的に核を使用してしまう場合、もしくは（3）その両方である。

第2期トランプ政権に限らず、仮に将来の米国の政権が台湾有事に介入する「意思」をもっていたとしても、それ以前の時期に介入に必要な「能力」をすり減らしてしまえば、インド太平洋における対中抑止の信頼性には致命的な悪影響が生じる。

一方、米国が緩やかにウクライナへの軍事支援を縮小させたことが遠因となり、ウクライナに不利な形での停戦につながるとすれば、それは国際秩序の維持者としての米国の「意思」に疑念を生じさせ、潜在的な敵対勢力に「自分たちも現状変更が可能かもしれない」という誤った自信を抱かせる可能性があることは否定できない。

しかしそれでも、台湾防衛に必要な「能力」さえ温存しておけるならば、中国を抑止できる余地は残る。信頼性のある抑止力には、意思と能力の両方が必要だが、能力を短期間で構築することはできないからである。

実際、第2期トランプ政権では、政策担当国防次官を務めるコルビーを筆頭に、このようなシビアな優先順位づけをすべきとの声が高まっていくことが予想される（第5

章）。

◆日本や台湾にとって必須の装備

当面のところ、米国が欧州とインド太平洋の二正面に十分な通常戦力を展開できる見通しは立たない。こうしたなか、ロシア対処に必要とされているのは、主として比較的射程の短いミサイルや榴弾砲、装甲車両といった地上戦力である一方、中国対処に必要とされるのは、爆撃機や攻撃型潜水艦、長距離対艦ミサイルなどの海空戦力であるから、戦域によって適切なリソース配分は可能との議論もある。

だが、こうした棲み分けが当てはまらない分野も数多くある。たとえば、ウクライナに優先的に提供されているペトリオットのような防空システムは、人民解放軍が仕掛けてくるであろう飽和攻撃による損害を少しでも低減するために、台湾や日本にも必須の装備である。

また、射程３００kmのATACMS《エイタクムス》は台湾本島から対岸の港湾や弾薬、燃料の集積拠点を攻撃することができるし、射程80㎞程度の標準的なHIMARS《ハイマース》（高機動ロケット砲システム）であっても、日本の南西諸島に機動展開させれば、島嶼《とうしょ》間の空白を埋めることができる。ジャベリン（対戦車ミサイル）やスティンガー（地対空ミサイル）といった個人携帯式兵器も、台湾本島への上陸を許してしまったあとでの抗戦を考えれば死活的に重要になる。

現在米国は、これらの競合する装備の生産ラインを急遽拡張することをめざしているが、ウクライナ向けに放出した米軍の備蓄が新規生産によって再補充されるまでは何年もかかると見られている。

なかでも、備蓄量の少なさが懸念されているのがトマホークやLRASM《エルラズム》（長距離空対艦巡航ミサイル）に代表される長距離精密誘導兵器である。幸いなことに、これらの高性能なスタンド・オフ・ミサイルは現時点ではウクライナ向けには供与されていないものの、後述するように、他の地域では散発的に使用されている。

◆中国の台湾統一には大規模着上陸作戦が不可欠

これらのミサイルがなぜ重要になっているのだろうか。それは中国と台湾、そして日本を含む周辺国が置かれた地政学的な特殊性に由来する。

人民解放軍が想定する台湾侵攻作戦は、おおまかに（1）封鎖およびミサイル・航空攻撃、（2）着上陸侵攻、（3）台湾内部での戦闘という3段階に分けられる。これらは各段階の目標が達成されなければ次の段階に移行できないように設計されており、どこかの段階で大規模な戦闘の遅延や混乱、敗北があれば、作戦全体が頓挫《とんざ》してしまうという弱点を抱えている。

無論、台湾への武力行使のあり方としては、封鎖やミサイル攻撃（戦略爆撃）だけが行なわれる可能性もあるが、過去200年間に発生した主権国家間の紛争において、封鎖や戦略爆撃だけで相手を降伏させられた事例は見当たらず、むしろ相手の世論の結束と継戦意思を強めてしまう傾向すらある（史上最も包括的な封鎖作戦の事例に太平洋戦争中の対日封鎖があるが、当時の日本は輸入の97%が遮断され、都市部に大規模空襲が行なわれても、原爆投下とソ連の対日参戦まで降伏することはなかった。また、ウクライナの都市部に対するロシアの無差別攻撃を見ても、限定的な萎縮効果しか発揮されていないことがわかる)。

したがって、中国が台湾を武力で統一しようとすれば、大規模着上陸作戦の実施が不可欠となると考えられる。だが着上陸作戦は、米軍の統合ドクトリンにおいても「あらゆる軍事作戦のなかで最も困難なものの1つ」と位置付けられているように、どの軍隊にとっても難易度が高い。

◆中国が台湾を制圧しうる唯一のシナリオ

着上陸作戦の成功には、航空優勢を確保したうえで、防御側を凌駕《りょうが》する地上戦闘部隊を迅速に集結させ、防御側よりも迅速かつ断続的に上陸地点に送り込むための兵站《へいたん》を整えるという3つの条件を揃えなければならない。人民解放軍には、約17万人の現役軍人と160万人ほどの予備役を有する台湾軍に対し、約150～230㎞の台湾海峡を約8時間かけて渡った先で、この条件を揃える必要があるということだ。

だが、着上陸に適した海岸線は台湾の約10％しかないとされている。台湾東岸は崖が多く、水陸両用部隊は6mの高波と集中豪雨が多い海域を迂回する必要がある。

一方、台湾西岸は泥の多い地帯が続き潮の流れも速いため、泥にはまるのを避けようとすれば着上陸に適した限られた地点まで高波の中を進む必要がある。

つまり、中国本土の港湾で地上戦闘部隊や後方支援機材を揚陸艦やRO–RO船（ロールオン・ロールオフ船。クレーンを使わず車両が自走して乗り込むことができる貨物船）などの軍民両用船舶に積み込み、台湾海峡を渡って辿り着いた沖合で戦闘部隊や支援機材の積み下ろしを行ないながら、着上陸開始に十分な戦力が一定程度集結するのを待つ間が、侵攻作戦において最も脆弱《ぜいじゃく》な瞬間となる。

そこに、米軍と台湾軍（場合によっては自衛隊も）が執拗《しつよう》な攻撃を加えて大損害を与えることができれば、その時点で武力による台湾統一の可能性は相当難しくなると考えられる。近年、日本や米国、台湾の防衛力整備において、長距離対艦攻撃能力が重視されているのにはこうした背景があるのだ。

しかし当然ながら、中国はこのような作戦上の弱点を自覚しており、対抗手段を整えてきた。その主力が急速に増強を続ける核・非核両用の中距離ミサイル戦力である。

台湾防衛の要となる西太平洋における米軍の戦略投射基盤は、嘉手納《かでな》や三沢、横須賀などの在日米軍基地、グアム、そして前方展開した空母等とそれほど多くはない。米戦略国際問題研究所（CSIS）が行なったウォーゲームでは、中国は24通りの侵攻シナリオのうちほぼすべてにおいて台湾の制圧に失敗しているが、そのなかで唯一制圧に成功したシナリオの前提状況は「日本が米国に対して、在日米軍基地の使用を認めない」というものであった。

つまり、大量の中距離ミサイルを用いて、「米国や台湾を支援しなければ、日本を攻撃することはない」といった心理的脅しや物理的妨害を仕掛けることにより、日本を台湾防衛戦線から脱落させることができれば、中国は米国の戦力投射基盤をグアムやハワイまで後退させ、台湾周辺における作戦環境を決定的に有利な形に変えることができるというわけである。

◆台湾侵攻の阻止には日米の多大な犠牲が必要

米国防省が毎年公表している中国軍事力報告によると、日本全土を射程に収める人民解放軍の準中距離弾道ミサイル（MRBM）の保有数は、2022年時点では500発、2023年時点では1000発と凄まじいペースで増強されており、2024年時点では1300発に達している。

筆者らハドソン研究所の分析チームが行なった評価では、地上発射型ミサイルだけでなく爆撃機などからの攻撃能力も加味すると、人民解放軍は2030年には、中国本土から3200km以内に位置する850カ所の目標に対して2回、1400km以内であれば4500カ所を超える目標を2回攻撃できるようになると予想される。

このような圧倒的な戦域打撃能力を前にした場合、人民解放軍が台湾周辺での封鎖を開始したり、本格的な侵攻準備の兆候を確認できた場合であっても、日米は駐機中を撃破されるリスクを考慮して、航空戦力を沖縄や九州などに集中配備することは困難となり、より後方・広範囲への分散を強いられるのは避けられない。

それゆえに、日本政府が「スタンド・オフ防衛能力」と呼ぶ長距離精密誘導兵器は一層重要性を増している。その一例として、日本は地上・艦艇・航空機から発射可能な国産ステルス巡航ミサイル・12式地対艦誘導弾能力向上型の開発・取得に並行する形で、米国製のトマホーク400発の取得を2025年度から開始することを決定している。

ただし、この400発というのは驚くほどの数ではない。大抵の巡航ミサイルは、比較的低速（亜音速＝旅客機程度）で飛翔するため、弾道ミサイルに比べて迎撃されやすい。そのため、ある程度のまとまった数を一斉発射して相手に迎撃を難しくさせるのが一般的だ。

たとえば、2024年1月に米軍がイエメン国内のフーシ派の拠点30カ所を攻撃した際には、たった1日の攻撃で80発以上のトマホークを使用している。

もしこれが先進的な防空システムを有する人民解放軍やロシア軍に対する攻撃であれば、より多くの巡航ミサイルが必要になることは想像に難くない。400発の巡航ミサイルというのは、本格的な戦闘が始まれば、数日のうちに撃ち尽くしてしまう程度の数なのである。

「なら、もう少し追加で買っておけばよいのではないか」。そう考えるのは自然な結論だが、ことはそれほど単純ではない。米国側の備蓄や生産体制にも限界があるからだ。

米国防省の資料によると、過去10年に米海軍が取得したトマホークは1234発とされている。米海軍は2024年1月以降もフーシ派に対する巡航ミサイル攻撃をたびたび行なっているから、年平均の取得数を123発としても、前年度に取得した在庫を軽く上回る数のトマホークをたった数日で消費してしまっている計算になる。

こうした現場需要に対する生産レートの低さは、JASSM-ERやLRASMといった他の長距離精密誘導兵器やSM-3などの防空ミサイルにおいても同様である。

先に紹介したCSISの台湾有事ウォーゲームでは、2026年を想定したシナリオにおいて、これらのミサイルの備蓄を数週間で使い果たしてしまうとの分析がなされている。

長距離精密誘導兵器や防空ミサイルが枯渇《こかつ》した状態で台湾侵攻を阻止しようとすれば、日米は紛争の初期段階で遠方に退避させていた虎の子の兵器（米空母やF-35Bを搭載できるように改修したいずも型護衛艦など）を、決死の覚悟で中国の対艦弾道ミサイル（ASBM）や対艦巡航ミサイルの射程圏内に進出させて攻撃を強行せざるを得なくなる。その結果、最も可能性の高いベースシナリオで米軍は艦艇17隻、戦闘機270機、自衛隊は艦艇26隻、戦闘機112機を損失するとの分析がなされている。

ここではCSISの公開ウォーゲームの内容だけを紹介したが、これまでに筆者が参加・設計してきた他の非公開版台湾有事ウォーゲームにおいても、2020年代後半ごろの各国の戦力構成を基本とする限りにおいて、日米の損害状況にそれほど大きな違いはない。

ここから導かれる教訓とは、「中国の台湾侵攻はうまく行きそうもないから安心」なのではなく、「日米が多大な犠牲を払わなければ阻止できない」ということなのである。

◆台湾・朝鮮半島連動という悪夢のシナリオ

仮に中国の台湾侵攻を失敗させられたとしても、その過程で日米が主力戦闘機や艦艇、ミサイル防衛能力の大半を失ってしまえば、その後数年内に朝鮮半島有事が発生した場合にまともに対応できる状態ではなくなってしまう。だが、台湾から朝鮮半島へと危機が連続するシナリオは、数年間の猶予をもってではなく、ほぼ同時に起こりうる可能性すらある。

これまで米国の戦略コミュニティやアジア専門家の間では、付かず離れずの中国・北朝鮮の特殊な関係に鑑みて、両国が台湾と韓国に対して完全に調整された形で同時攻撃を開始する可能性はそれほど高くないとの見方が一般的であった。

しかし最近では、どちらかが先に戦端を開き、もう一方がそれに反応する形で、危機が台湾と朝鮮半島にまたがって拡大するシナリオも十分起こりうると考えられるようになってきている。

たとえば、中国に戦闘機やミサイル部隊の機動展開、海上輸送部隊の集結といった台湾侵攻の兆候が見られれば、米国もそれに対応する形で在日米軍基地（場合によっては在韓米軍基地）を含む西太平洋への戦力の集結を開始する可能性が高い。そのとき北朝鮮は、朝鮮半島周辺で米軍のプレゼンスが急速に拡大し、自衛隊（場合によっては韓国軍）の作戦準備および支援態勢が着々と進んでいる様子に強い危機感を覚え、これらに先制攻撃を加えようとするかもしれない。

あるいは、中国が台湾だけでなく日本や韓国の軍事拠点に対する攻撃を開始したのをチャンスと見て、北朝鮮が南北間の北方限界線や非武装地帯における何らかの現状変更行動を起こしたり、日韓に対する攻撃に便乗するといったシナリオも考えられなくはない。

また人民解放軍ロケット軍のうち、北朝鮮の真上に位置する吉林《きつりん》省に拠点を置く第655旅団や内陸部山西省の第665旅団、河南省の第666旅団などから各種MRBM・IRBMを日本に向けて発射する場合、それらは朝鮮半島上空を通過することになる。これを踏まえると、中国は対日攻撃の開始に合わせて、北朝鮮に対するなんらかの事前通告や事前調整を行なう可能性も十分考えられる。

いずれの形にせよ、台湾と朝鮮半島における有事がほぼ同時、あるいは極めて短い間隔で発生する場合、日米にかかる負荷は著しく高いものになる。台湾・朝鮮半島連動シナリオにおいては、「戦力をいかに温存しておくか」といった問題を考える余裕はなく、台湾と朝鮮半島を単一の戦域と捉えて、あらゆる能力を結集して一元的に対処するしかない。

もっとも懸念されるのはミサイル防衛能力の逼迫《ひっぱく》だ。日本からの米軍の戦力投射を妨げることができれば、自国の戦略環境を大幅に改善できるという点で、中国と北朝鮮の思惑は一致する。すでに1300発に達している中国のMRBMに加え、北朝鮮が保有するであろう数百発のMRBMへの同時対処を強いられれば、日米のSM-3やペトリオットはあっという間に底をついてしまう。

こうした形で中朝が日本の航空基地や防空能力に対して飽和攻撃を仕掛けてくることが予想されると、やはり日米の航空戦力はそれらの大半が地上で破壊されてしまうのを避けるために、各地への分散やより遠方への退避を余儀なくされるだろう。

航空機が遠方からの作戦を強いられれば、紛争初期の南西正面における航空優勢の獲得は絶望的となるであろうし、そうした状態では朝鮮半島に対する戦力投射もままならなくなる。

すると、北朝鮮の移動式ミサイルに対する効果的な制圧攻撃を実施することも難しくなり、日本に飛来するミサイルは一向に減らず、迎撃リソースをさらに圧迫するという悪循環に陥ってしまう。

このような台湾・朝鮮半島連動シナリオにおいて、日米が単独で対処することは不可能であり、日米韓（理想的には日米韓台）協力の深化は必須と言える。そのため、2025年3月までに発足を予定している自衛隊の統合作戦司令部と、在日米軍の統合司令部への再編はより重要な意味をもつが、これらが米インド太平洋軍司令部や米韓連合司令部と指揮統制上どのような関係をもつようになるかは、まだ議論の途上にある。また、2025年以降の韓国国内政治の不安定性に鑑みると、三カ国協力の継続・深化には多くの困難が待ち受けていそうである。

本章では、さまざまな形で起こりうる世界同時紛争リスクを考察してきたが、現在の米国および同盟国の協力関係は、いずれの危機においても、十分に対応可能な態勢を整えられていない。この状況を改善するために、日米が取り組むべき具体的措置については終章で議論することとする。

第2章

台湾有事における限定核戦争リスク

「エスカレーションを抑止できる自信がなければ、政治指導者が国家安全保障上の重要な利益を防衛するために、通常戦力を展開するという決断を下すことがより難しくなり、もしそうした自信がないまま決断が下された場合には、状況ははるかに危険となるだろう」

（2022年版「核態勢見直し」）

◆中朝露が目論む「勝利の方程式」

本章では、近年米国の戦略コミュニティが焦点を当ててきたもう1つの深刻な課題である、限定核戦争のリスクを取り上げる。

2014年に発生したロシアのクリミア侵攻以降、戦略コミュニティでは、ロシアだけでなく、中国や北朝鮮も、概ね共通した「セオリー・オブ・ビクトリー（勝利の方程式）」を構築しようとしているのではないかとの懸念が共有されてきた。この文脈で言う彼らのセオリー・オブ・ビクトリーとは、核をちらつかせた脅しを行ないながら、米国が介入する意思を固める前に何らかの既成事実化を達成してしまおうという戦略のことである。

そのため、これらの国々の現状変更行動を抑止するには、当初はそれが法執行機関同士の睨《にら》み合い（＝グレーゾーン）や通常戦力同士の限定的な衝突といった比較的烈度の低いものであったとしても、相手がいずれかの段階で「核兵器を使用してくるのではないか」という懸念を念頭に置きながら対処せざるを得ない。

つまり我々には、「核の影（nuclear shadow）」がちらつくなかで、グレーゾーンや通常戦争の発生を抑止するとともに、もし抑止が破れて武力衝突に至ってしまった場合には、相手の核エスカレーションを阻止しながら、我々にとって有利な形で紛争を終結させる方法を模索する、という難題が突きつけられているのである。

この課題について詳しく議論を進めていく前に、２つの留意点について言及しておきたい。

まず、上記の文脈で我々が考慮すべき核エスカレーション・リスクとは、地球が滅亡するような全面核戦争のリスクとは異なる。無論、そうした可能性がまったくないわけではない。しかしながら、我々の仮想敵国が考えるセオリー・オブ・ビクトリーは、米国（とその同盟国）の介入を心理的・物理的に妨害するとともに、米国側からのカウンター・エスカレーション（対抗を意図したより重大な反撃）をも思いとどまらせるものでなければならない。

仮に限定核使用によって、ウクライナ軍や米韓連合軍の地上戦闘部隊、あるいは沖縄やグアムに集結する航空戦力を一時的に阻止できたとしても、その結果として米国側からさらに耐え難い反撃を被る可能性が高い場合には、それまでに獲得した領域の保全や目標とする領域への再侵攻が困難になるばかりか、場合によっては体制の存続すら危ぶまれることになり、結果的に戦略目標を達成できなくなってしまうからである。

したがって、将来我々が直面しうる有事で核兵器が使われるとすれば、最初の一手はある程度限定的なもの――相手の軍事能力、工業生産能力、人口の大部分を排除することを目的としないレベルの核使用―にとどまる可能性が高いと考えられる。

◆限定核使用の可能性は中朝露だけではない

もう1つ留意すべきなのは、限定核使用の誘因は、中国、ロシア、北朝鮮のような現状変更国側にだけ生じるものではないという点である。

一般的にエスカレーションは、危機や特定の戦闘局面において劣勢に立たされている側が「状況を次の段階にエスカレートさせれば、前線での戦闘やその後の交渉でより有利な立場を得ることができる」と考えた場合に生じる。この点、欧州と朝鮮半島における通常戦力バランスは、米・NATOおよび米韓同盟側に優位に傾いているため、原則として核エスカレーションを仕掛けようとする誘因が生じやすいのはロシア・北朝鮮側である。

ただし、そう言い切れるのは、米国がその通常戦力を欧州ないし朝鮮半島での作戦に集中させられる場合に限られる。仮に、米国が台湾や中東における武力衝突への同時対処を余儀なくされるような事態が生じれば、欧州や朝鮮半島における米国側の通常戦力優位はより不確実になることも考えられよう。

中国対処を念頭に置く場合、問題はより深刻である。

２０２４年版の国防戦略委員会報告が、「中国は多くの点で米国を凌駕しており、20年間にわたる集中的な軍事力への投資によって、西太平洋における米国の軍事的優位性をほぼ否定してきた」と指摘しているように、いまや西太平洋における米国の通常戦力優位は失われつつあり、仮にその戦力を中国対処に集中する意思があったとしても、紛争の初期段階では米国側が海上・航空優勢を確保できない可能性が十分にある。

この場合、先に限定核使用を検討せざるを得なくなるのは、中国ではなく、むしろ我々の側かもしれないのである。

これらの諸点に留意しつつ、以下では将来日米が直面しうる危機のなかで、エスカレーション管理上最も困難な問題が生じるであろう台湾有事に焦点を当て、米中双方にいかなる形で限定核使用の誘因が生じる可能性があるのかを考えていく。

◆台湾有事は米中双方にとって「負けられない戦い」

米国とNATOがウクライナ戦争に直接介入するといった展開がない限り、台湾有事は、史上初めて2つの核大国が高烈度の戦闘を経験する可能性が最も高い紛争である。

もちろん、台湾有事のあり方には、台湾周辺の封鎖から限定的なミサイル攻撃、そして大規模着上陸侵攻に至るまでさまざまなシナリオが考えられる（第1章および第6章）。しかしながら、米国側が中国側の封鎖を破ろうとすれば、台湾の東側に展開してくるであろう中国のKJ-500早期警戒管制機や052C／D駆逐艦（中国版イージス）、さらには大陸側から台湾海峡にかけて飛行禁止空域を設定しうる沿岸防空システムを無力化する必要がある。

また、中国側の継戦意思を締め上げるために日米とその同盟国が東シナ海から南シナ海（場合によってはインド洋や南太平洋島嶼部を含む）の各チョークポイント（戦略的に重要な海上水路）で封鎖を行なう場合でも、その影響が中国の軍事活動にとどまらず、経済や市民生活に及んで共産党指導部の政治的安定性を揺るがすほど深刻になれば、（かつて対日石油全面禁輸措置を打破しようとした日本が真珠湾攻撃を決断したように）中国側に軍事的対抗手段を用いて封鎖をやめさせようとする強い誘因が働く可能性がある。

このように、当初は直接的な武力衝突を伴わない威嚇《いかく》を通じた危機であっても、米中間の緊張がすぐに高烈度の武力衝突にエスカレートしかねないリスクが存在する。

これは米中双方が、台湾に対して容易に譲ることのできないほどの重要な利益を見出していることの裏返しと言える。中国側にとって台湾有事における敗北は、中国共産党の政治的正当性を揺るがす危機となる可能性が高く、戦争終結のあり方次第では、台湾の独立を容認する形にもなりかねない。

一方、米国側にとっての台湾有事における敗北は、グローバルな米国主導の同盟の信頼性を揺るがし、日本や韓国を含むアジアにおける対米同盟の戦略的位置付けを根本的に損なうことになるだろう。

中国による台湾統一は、台湾を中国の戦力投射基盤に変貌させ、中東から北東アジアに至るシーレーンをいつでも脅かしうるようになるという点で、インド太平洋における中国の軍事的優位性を一層強固なものとするであろうし、台湾の高度な技術力・経済力を取り込むことで、経済的優位性をより強化することにもなろう。

要するに、台湾有事は米中双方にとって「負けられない戦い」であり、いずれの側もできることなら事態を直接の武力衝突に発展させることなく、相手に手を引かせることができればよいと考えている。

だが、そうした期待も虚《むな》しくひとたび紛争が始まってしまった場合、その戦闘は互いの通常戦力が限界まで消耗することを辞さないような熾烈《しれつ》なものになることが予想される。そして紛争がエスカレーションの一途を辿るにつれ、双方の政治指導者には「これだけの犠牲を払ったのだから、負けるわけにはいかない」というサンクコストが脳裏をよぎり、勝利を確実にするため、あるいは決定的な敗北を回避するために、限定核使用に踏み切る余地が残る。

さらに、第1章で議論したように、武力による台湾統一は、封鎖やミサイル攻撃だけでなく、最終的には大規模な着上陸作戦の成功なくしては実現し得ないと考えられている。

このように台湾有事には、（1）米中双方にとって譲れない利益をかけた「負けられない戦い」となる、（2）双方が通常戦力を大量に消耗する戦争になる可能性が高い（長期化の可能性もある）、（3）中国にとって最終的に大規模着上陸作戦を成功させる必要があるという特徴がある。

これらの特徴は、核兵器が果たす役割とエスカレーションの力学に大きく影響を与えるため、以降の議論を進めるうえでつねに念頭に置いていただきたい。

◆中国の核兵器の役割① 日米の介入を抑止

台湾有事において、米中双方の核兵器が果たす役割は1つではない。そこには、政治的な抑止力としての役割を期待される場合（＝相手を牽制するだけで実際には使用されない）もあれば、実際の戦闘局面で使用することによって得られる効果を期待される場合もある。

中国の核兵器に期待されている第1の役割は、台湾防衛作戦を支援する可能性のある米国や日本の介入を抑止することである。

意外に思われるかもしれないが、中国は「台湾有事に米軍が介入した場合には、核兵器を使用する」と明確に宣言したことはない。

しかしながら、ウクライナ戦争においてプーチンが繰り返し核恫喝《どうかつ》を行なったことがNATOの直接介入を阻止したり、軍事支援の内容やそのペースを抑制させる結果につながったのは明らかであり、習近平が自国の核兵器に同様の効果を期待したとしても不思議ではない。

これを踏まえると、中国も紛争の比較的早い段階で、核エスカレーションをちらつかせることは十分考えられるだろう。具体的に想定されるのは、国営メディア等を通じた先行不使用政策の変更（およびその示唆）、核搭載可能な移動式ミサイルの機動展開訓練、核搭載可能な爆撃機の分散配備、中央保管庫で集中管理されている核弾頭の前線部隊への配布、太平洋側に向けた弾道ミサイルの発射実験といった行動である。

これらよりもさらに烈度が高い行動としては、内陸部での地下核実験や、本物の核弾頭を搭載したミサイルを太平洋上で起爆させるといった形での大気圏内核実験が考えられる。

注意しなければならないのは、こうした核恫喝が米国や台湾に対してだけでなく、日本を強く意識した形で行なわれる可能性があるということだ。

第1章で述べたように、戦力投射基盤の限られる西太平洋において、日本は米軍の地政戦略上代わりのきかない極めて重要な価値をもっている。つまり、中国にしてみれば、心理的脅しや物理的妨害によって日本を台湾防衛戦線から脱落させることができれば、貴重な米軍の後方支援基盤を奪うことにつながり、台湾周辺における作戦環境を劇的に改善することができる。

したがって、先に挙げたような核をちらつかせるデモンストレーションが日本周辺に向けて行なわれる事態は、十分起こりうると考えておかざるを得ない。

◆中国の核兵器の役割② 米国による核の威嚇の相殺

中国の核兵器が担う第2の役割は、米国による核の威嚇の効果を打ち消すことである。これはもともと中国が核保有をめざした動機の1つであり、現在でも中国の核戦略にとって重視されている。

当然ながら、米国が「核兵器の使用も辞さない」と言ってきただけで尻込みしてしまうようでは、安心して台湾侵攻に踏み切ることはできない。言い換えれば、米国が容易に核兵器を使えない状況をつくることが中国にとっての最低条件となる。

これはDF－31AGやDF－41のような移動式ICBM（大陸間弾道ミサイル）の導入――非脆弱な対米第二撃能力の拡充――によってすでに一定程度担保されていると考えられることもできるが、実際のところ、どの程度の規模の核戦力を構築すれば中国が十分な戦略核抑止力を確保したと考えるのか、第三者が判断するのは非常に難しい。

実際、近年確認されている中国の急速な核軍拡の背景がいかなる動機によるものなのか――核戦略の変更が核・ミサイル戦力の質的・量的増強をもたらしているのか、核・ミサイル戦力の質的・量的増強が核戦略の変更を促しているのか――については、米国の中国専門家や核戦略家の間でも見解が一致していない。そうであれば、この種の抑止力に対する中国の自信は相対的なものと見なすべきなのだろう。

要するに、中国が核軍拡を続けている以上、現状の核態勢は彼らを満足させるものではないが、核軍拡を継続することで、習近平は徐々に自国の抑止力に対する自信を強めていくということである。

また中国の核軍拡については、2021年に発見された300カ所を超える新設のICBMサイロ群への注目が顕著であるが、それと同時にDF-26をはじめとする戦域射程の核・非核両用ミサイルについて大幅な拡充が図られている点にも留意が必要である。

◆中国の核兵器の役割③　米国による核の使用を抑止

中国の核兵器に期待される第3の役割は、米国が核兵器を実際の戦場で使用することを抑止するというものだ。米国防省が毎年発表している中国軍事力報告（2022年版以降）には、「中国では2018年後半ごろから、台湾侵攻部隊に対して米国が低出力核を使用することが懸念され始め、比例的な対応能力を保有することを求める声が見られ始めた」との記述がある。

後述するように、中国がこうした事態を懸念するのはもっともであり、そのために各種ICBMのような戦略レベルの第二撃能力に加えて、DF-26のような戦域レベルで精度の高い攻撃が可能な中距離核戦力の配備を加速している可能性がある。

◆中国の限定的核使用のシナリオ① 決定的な敗北の回避

以上は、いずれも「そうした能力をもつことによって、米国（や日本）に○○をさせない」という政治的な抑止力としての役割である。しかし、核兵器には実際に戦闘局面で使用しなければ得られない効果もある。

第1は、中国に有利な条件で戦争終結を強いるために、限定的な核の先行使用を行ない、決定的な敗北を回避するというケースである。この戦略は戦略レベルの第二撃能力と、軍事目標への正確な攻撃が可能な戦域レベルの核戦力を増強することで信憑《しんぴょう》性をもつようになるが、中国はまさにそうした能力への著しい投資を行なっている。

こうした形で核使用が行なわれる可能性があるのは、日米台の通常戦力による対艦攻撃によって水陸両用部隊の50〜60％以上が撃破されるか行動不能となり、武力による台湾制圧が完全に不可能ではないまでもかなり厳しくなっている状況で、なおかつ中国指導部が長期戦を継続できるほどの政治的体力がないと判断した場合であろう。

こうした敗北回避型の限定核使用シナリオは、米・ＮＡＴＯの政策シミュレーションや机上演習で頻繁に用いられてきた（米国の戦略コミュニティでは、ロシアがこのような核ドクトリンをもっているとの考えが根強い）。

ゆえに、バイデン政権はウクライナ領内に展開しているロシア軍の侵攻部隊だけでなく、ロシア国内に控える兵站を含む通常戦力に壊滅的なまでの損害を与えてしまいかねない兵器支援には消極的であり続けてきた。

つまりバイデン政権としては、ウクライナ軍がロシア軍の侵攻部隊を前線で撃破していく累積戦略によって、比較的早い段階でプーチンが侵攻を諦め、２０２２年2月の開戦前の状態に戻ることで妥協するのを期待していたということになる（もっとも、そうした期待は実現していない）。

ただ、ロシアと中国が抱える事情には大きな違いがある。プーチンがウクライナ制圧に失敗した場合に被る政治的ダメージと、習近平が台湾制圧に失敗した場合に被る政治的ダメージはおそらく同じではない。

また欧州では、米・NATOの防衛対象をあくまでNATOの領土に限定すること（ウクライナをある種の緩衝地帯とすること）で、ロシアによる核エスカレーションを回避できる可能性があるが、自ら仕掛けた台湾の武力統一が失敗に終わった場合、体制存続が危うくなると考える習近平は、決定的な敗北の回避と戦略目標の達成の間にはそれほど大きな差がないと見なし、米国と台湾（あるいは日本）にとって極めて不利な停戦条件（米軍の前方展開戦力の引き上げや台湾への武器支援の禁止等）を要求してくる可能性があり、その要求が受け入れられない場合、追加的な核使用をちらつかせてくることも考えられる。

これは米国側にしてみれば、中国の攻勢を通常戦力だけで凌ぎ切り、台湾の防衛になんとか成功しかかっているなかで、台湾を手放すに等しい状態を強要される可能性が高いことを意味する。

◆中国の限定的核使用のシナリオ② 米国の先行使用への報復

第2は、米国が先行的な核使用を行なったあとで、中国が核抑止の信頼性を回復するために報復的な限定核使用を行なうというケースである。

たとえば、米国が中国の海上輸送能力を撃滅するために核兵器を使用したことへの対応として、西太平洋における軍事目標に対してなんらかの限定的な核報復を行なうことが考えられる。

このような限定核使用をもってしても、すでにその時点で水陸両用部隊が壊滅状態にあれば、武力統一が不可能になるという事実には変わりがないため、中国指導部の戦略的失敗を取り繕うことができるほどの威信回復にはつながらないかもしれない。

しかしそうであっても、報復的な限定核使用には、米国側がさらなる核エスカレーションを仕掛けてくるのを阻止するには有効と考える余地がある。

◆中国の限定的核使用のシナリオ③　軍事的優位の確保

第3は、戦場における軍事的優位性を確保することを狙って、西太平洋の軍事目標に対して限定核使用を行なうケースである。

すでに指摘したとおり、台湾防衛作戦を実施する場合、米国側の主要な戦力投射基盤は嘉手納や三沢、横須賀といった日本の基地に加えて、グアムあるいは洋上に展開する空母打撃群に限られている。したがって、これらの作戦基盤を限定核攻撃によって先制的に破壊してしまえば、米国側は通常戦力によって侵攻部隊を撃退することが困難となり、中国側の作戦成功率は飛躍的に高まると考える可能性がある。

ただし、米軍の通常戦力に対する壊滅的な打撃は、米国を核エスカレーションへと追いやる可能性も否定できない。通常戦力での対抗手段を失った米国は、中国の水陸両用部隊を核攻撃することで応じる可能性もあるからだ。そうした形で侵攻部隊を失えば、やはり中国指導部は戦略目標を達成できなくなり、その状況で軍事的優位性を確立することの意味がなくなってしまう。

だとすれば、こうした形での限定核使用の有効性が高まるのは、米国の政治指導者が中国の限定核使用に対して核反撃する意思がない（＋比例的な核反撃を行なうために適当な能力がない）場合か、台湾沿岸部への大規模着上陸を行なわずとも、十分な地上戦闘部隊を比較的安全かつ継続的に投入できるアクセスポイント（台湾の主要な港湾や飛行場等）をすでに一定程度確保している場合か、あるいは数年単位の長期戦を覚悟し、その間に損失した水陸両用部隊を回復させられるという自信をもっている場合に限られるだろう。

◆台湾有事における米国の核兵器の役割

台湾有事において、米国の核兵器に求められる役割は中国のそれよりも多様である。なぜなら、米国は自国に対する抑止の信頼性だけでなく、同盟国に対する拡大抑止の信頼性にも配慮しなければならないからである。

さらに米国は、中国を抑止するだけでなく、ロシアや北朝鮮の機会主義的ないし協調的な現状変更行動をも同時に抑止しなければならない。実際、バイデン政権が2022年に発表した「核態勢見直し（Nuclear Posture Review：2022NPR）」では、「2つの核大国（中国・ロシア）とほぼ同時に紛争に至ることは極端な状況であることを認識しつつ、このリスクを軽減するため、我々は核兵器に部分的に依存する」と説明されている。これらの追加的要件は、今日の米国に求められる核戦略を極めて複雑なものにしている。

米国の核兵器に求められる政治的な抑止力としての第1の役割は、中国を牽制して台湾侵攻が成功しうるという意思をくじくことにある。中国が核エスカレーションの脅しを仕掛けてきたとしても、米国の核抑止力によってそれを打ち消すことができれば、日米が台湾防衛のために介入を行なうという通常戦力による抑止力の信憑性を高めることにつながり、習近平が台湾侵攻を決断しようという誘惑自体を弱めることができる。

第2の役割は、中国が通常戦力面での軍事的優位性を確立した場合、あるいは欧州において米国の大規模軍事支援を必要とする危機や紛争が発生（継続）している場合であっても、台湾侵攻を撃退しうるオプションを残しておくことにある。

この点において、効果的かつエスカレーション管理が相対的に容易と考えられているのは、台湾沖に集結して上陸準備を整えている中国の水陸両用部隊に対し、先制的な低出力核攻撃を行なうというオプションである（後述）。水陸両用部隊に壊滅的な打撃を与えられれば、台湾全土を制圧するという中国の戦略目標の達成をほぼ不可能にできる。したがって、そうした攻撃が実行可能なオプションを確保しておくことが、政治的な抑止力として高い信憑性をもつというわけである。

誤解のないよう強調しておくと、米国にとってこうした形の限定核オプションは、あくまでも通常戦力による抑止力が不足した場合の補完策にすぎない。

さらに言えば、核抑止力への依存によって複数正面での同時対処リスクを緩和しうるのは、特定の戦闘局面における軍事的有効性に加えて、相手からのカウンター・エスカレーションを招くリスクが相対的に低い場合に限られる。

米国の通常戦力不足に起因するトレードオフの調整方法としては、理論上、欧州（ロシア対処）に通常戦力を優先配分して、インド太平洋（中国対処）では核戦力への依存を高める方法と、インド太平洋に通常戦力を優先配分して、欧州では核戦力への依存を高めるという2通りの方法がある。

だが実際のところ、後者の有効性には疑問がある。というのも、水陸両用部隊を喪失すれば、作戦が行き詰まってしまう人民解放軍の侵攻計画と異なり、欧州ではロシア軍の侵攻能力を根こそぎ奪えるような都合のよい局面が存在しないからである。

また洋上であれば、中国・台湾のどちらの本土に対しても核爆発による被害を極限しうる一方で、ロシア軍の地上部隊に対して有効な核攻撃を行なおうとすれば、かつて冷戦期に想定されていたような形で、ウクライナやＮＡＴＯ諸国、あるいはロシア領内で複数の核兵器を使用せざるを得ない。

さらに言えば、欧州における戦域核バランスは圧倒的にロシア優位に傾いているため、米・ＮＡＴＯが本気で軍事的優位性を追求しようとすれば、欧州における米国の戦域核戦力を大幅に増強する必要が出てくる。これは政治的にも軍事的にも実施するハードルが高いオプションであろう。

実際、２０２２年以降に戦略コミュニティで行なわれている議論を俯瞰してみても、インド太平洋に対しては何らかの形で米国の戦域核戦力を追加配備すべきとの認識が共有されつつある一方、欧州でそれらを追加配備すべきとの主張は極めて限られている。これは米国が限定核使用を行なう可能性に限って言えば、欧州よりもインド太平洋において現実味を帯びるということを意味している。

◆米国核使用のシナリオ① 中国の先行核使用への対応

では、台湾有事において米国が実際に核兵器を使用せざるを得なくなる可能性としては、どのようなケースが考えられるのだろうか。

第1に考えられるのは、中国が先に核を使用したのちに、米国の核抑止の信頼性を回復するため——中国がさらなる核使用に踏み切るのを阻止するため——限定核使用で応じるというケースである。ここでも米国側にとっての理想的な攻撃目標は中国の水陸両用部隊となる。

ただし、何らかの理由でそれらを攻撃目標にすることができない場合、何に対して限定核攻撃を行なうか次第では、さらなるエスカレーション・リスクを引き起こす可能性がある。

たとえば、すでに通常戦力によって水陸両用部隊を撃破してしまっている場合、台湾侵攻作戦に重要な役割を果たすその他の軍事目標は中国本土にある。例外的に付随被害とエスカレーション・リスクがより少ない目標としては、軍事拠点化されている南シナ海の人工島がある。ただし、これらが台湾侵攻作戦に果たす役割はそれほど大きくないため、本来核で攻撃しなければならないほどの軍事的合理性には乏しく、「中国の核使用に対してなにもしないわけにはいかないので、仕方なく核で攻撃する」というような形になってしまう。

なお論理的には、中国の先行核使用に対して、通常戦力による反撃にとどめるということも考えられる。ただしそれは、米国側の通常戦力優位を強調することになる一方で、残存する中国の核戦力を無力化することもできないことから、中国側が追加的な核使用に踏み切るという形でカウンター・エスカレーションを行なう可能性を排除できない。また、ロシアや北朝鮮対処に必要となる通常戦力を消耗してしまうというリスクもつきまとう。

◆米国核使用のシナリオ② 中国の水陸両用部隊の撃破

第2に考えられるのは、すでに何度も指摘しているように、中国の水陸両用部隊を限定核攻撃によって撃破するというケースである。これは戦略軍や統合参謀本部で核作戦やターゲティング計画の立案を行なう専門家の間では、台湾有事において米国が核を先行使用せざるを得ない場合のオプションとしては、最も現実的かつ軍事的有効性が高いと考えられている。

繰り返しになるが、大規模着上陸作戦の成功には、航空優勢を確保したうえで、地上戦闘部隊を集中的かつ断続的に送り込む態勢を整えることが欠かせない。したがって、人民解放軍は沿岸に到着した部隊から順番に上陸させるというようなことはせず、一定程度の戦力が集結するのを沖合で待つことになる。

米国にとっては、このタイミングこそが侵攻部隊を一網打尽にする千載一遇の機会となる。この攻撃で人民解放軍の地上戦闘部隊や主要な海上輸送能力を壊滅させ、なおかつ台湾軍が主要な港湾や飛行場のような整理されたアクセスポイントを守りきれていれば、武力統一という戦略目標は当面達成不可能となる。中国が、失われた海上輸送能力や後方支援機材を再侵攻可能なレベルに再編するには、少なくとも数年単位の時間を要すると考えられる。

このオプションに課題があるとすれば、作戦が刻一刻と進展していくなかで、有効な打撃を与えられるタイミングが限られていることだろう。福州《ふくしゅう》市、淮安《わいあん》市、厦門《あもい》市、東山《とうざん》市、汕頭《さんとう》市といった港湾に中国の船舶が集結し、兵員や装備、兵站物資の積み込みを行なっている段階は退避行動をとることができないため、純軍事的には有効な攻撃のタイミングとなりうる。

しかし、中国本土の港湾への核攻撃はエスカレーション・リスクが高く、米国の政治指導者がそうした攻撃を許可するのを躊躇する可能性が少なくない。侵攻部隊が港湾を離れて移動が始まったところを狙う場合には、中国本土への核攻撃は避けられるものの、米国は洋上移動目標を攻撃するのに最適化された核戦力を保有・開発していないほか、艦艇同士が1カ所に固まって一網打尽にされるのを避けるために相当の距離を取って航行する可能性もある。

広範囲に分散された洋上移動目標をいまある手段で確実に撃破しようとすれば、爆発威力が数キロトン程度の低出力SLBM（潜水艦発射弾道ミサイル）では事足らず、数百キロトンの高出力SLBMを複数使用するという相当の覚悟が必要になるかもしれない。

その後、大規模着上陸が始まれば、沿岸に築かれた橋頭堡などへの攻撃は容易になるものの、今度は台湾への付随被害リスクが大きくなるため、台湾の政治指導者がそうした核攻撃を容認しない可能性が出てくる。

これらを考慮すると、水陸両用部隊に対する限定核攻撃の効果が最も高まるタイミングは、地上戦闘部隊や後方支援部隊を沖合に下ろして集結を待つ着上陸開始の直前ということになろう。

繰り返しになるが、こうした中国の水陸両用部隊に対する徹底的な攻撃作戦は、本来通常戦力で実行可能であることが望ましい。

◆米国核使用のシナリオ③　軍事的優位の確保

第3に考えうるのは、限定核使用によって軍事的優位性を確保しようというケースである。これは水陸両用部隊に対する核・非核の攻撃を行なう適切なタイミングを逃してしまい、そうした攻撃が実行できない場合のオプションである。

ここで問題となるのは、軍事バランスに影響を与えうる攻撃目標のほとんどが中国本土にあるという点だ。前述のように、純軍事的な観点だけで言えば、地上戦闘部隊が輸送艦への乗船を行なう各種港湾を核攻撃することは可能であろう。

また、中国南東部から台湾を戦闘行動半径に収める約20カ所の軍用飛行場のうちいくつかを核攻撃で使用不能にできれば、中国側の航空機はより遠方からの作戦を余儀なくされるため、米国側は東シナ海から台湾周辺にかけての航空優勢を獲得しやすくなる。燃料や弾薬の前方集積拠点や生産基盤、あるいは宇宙・対宇宙能力を司る地上ステーションに対する攻撃も同様である。

しかし当然ながら、こうした中国本土の高価値目標に対する核攻撃は、中国からの核反撃を招く可能性が高い。このとき、中国側には米国本土を避け、米軍や自衛隊、台湾軍の戦闘部隊、または日本や台湾を攻撃対象として選択しうる（これは日本にとっては大問題である）。

これに対して米国側は、人民解放軍が本土から出撃して台湾周辺に展開するのを待たなければ、エスカレーションの覚悟なくして適当な攻撃目標を選択できないのである。これは地政学的な非対称性に由来する構造的問題であり、容易に解決する方法はない。

本章では、台湾有事において、米中双方がいかなる形で限定核戦争に発展する可能性があるかを考察した。これはある種の極限状態であるものの、双方が通常戦力を使い果たすような熾烈なエスカレーションの先に確実に存在するリスクであり、関係各国の政治指導者と政策決定者、ひいては一人ひとりの国民が考えておかなければならない問題となりつつある。

第3章

米中露「核三極体制」の時代

Andrew F. Krepinevich Jr.
アンドリュー・クレピネビッチ
×
村野 将

米ハドソン研究所上席研究員。米国防総省においてアンドリュー・マーシャル局長率いる総合評価局（Office of Net Assessments）や3人の国防長官の個人スタッフを務めたほか、戦略予算評価センター初代所長としてさまざまな戦略・作戦構想の立案に携わってきた。

◆第2期トランプ政権でウクライナ戦争はどうなるか

村野　第2期トランプ政権を見るにあたり、まずは重要な論点であるロシアによるウクライナ侵攻についてうかがいたいと思います。

戦争勃発当初は、ロシアがウクライナの首都キーウ（キエフ）を短期間で制圧して戦略目標を達成しようとする「電撃戦」――あるいは中国が台湾侵攻の際に企図しているとされる「ショート・シャープ・ウォー」のような戦いを試みていましたが、それには失敗して長期化が進んでいます。この戦争を総合的にどう評価しているでしょうか。

クレピネビッチ　アイゼンハワー大統領はかつて「どんな戦争にもサプライズがある。ひとたび戦争に踏み切れば、何が起こるか予想できることなどない」と述べましたが、同様のことが起きているように見えます。

我々はロシア・ウクライナ戦争で2つのことを目の当たりにしました。1つは、ロシアが迅速な勝利を成し遂げることに失敗したことで、20年前に（チェチェン共和国の首都である）グロズヌイの奪取に失敗したのと同じような道を辿りつつあります。

当時のチェチェン紛争において、ロシアは火砲を使った作戦を重視し始めました。これがもたらすのは迅速な勝利をめざす電撃戦とはまったく逆の勝利——多くの民間人の犠牲や破壊を伴う破壊型の侵略によって、非常に血生臭い勝利に向かおうとしている。

もう1つは、ロシアの目標が変化してきたことです。これは本当にウクライナ東部のドンバス地域の安全を確保するためのものなのか、という疑問が提起されています。ゼレンスキー大統領は、ウクライナはＮＡＴＯに加盟せず、中立国になることに同意する意思があると述べました。

つまり、プーチンは戦争を終結させるにあたり、さらなる領土の獲得とウクライナのＮＡＴＯ加盟を禁止するという形での勝利を主張する機会が出てきているということです。

村野　ご指摘のとおり、ロシアの戦略は電撃的な奇襲作戦から、民間人や都市に損害を与え続けることで、ウクライナ政府や同国民の戦意を挫こうとする戦略（砲）爆撃にシフトしてきました。

クレピネビッチ　想定していたシナリオのとおり、戦争は長期化しています。ロシア軍が大きく前進することもないが、和平交渉も成立しない状態が続くというものです。

第2期トランプ政権で今後どのような行方を辿るかを予測するのは非常に難しいですが、もしプーチンとロシア軍が不利な状況に追い込まれたときには、「エスカレーション抑止（escalate to de-escalate）」という戦略を取る可能性が残っています。

ロシアが危険に晒《さら》されていると感じた際に、紛争を意図的にエスカレートさせることにより相手を萎縮させ、ロシア側が望む条件を無理矢理飲ませようとするもので、その脅しの手段としては核兵器を実際に使用することも依然として含まれます。

村野　ロシアのエスカレーション抑止戦略に伴うリスクについては、私も非常に警戒しています。歴史を振り返ると、第二次世界大戦前に日本に対して行なわれた石油の全面禁輸措置は、日本を真珠湾攻撃に走らせる1つのきっかけとなった面もあります。

クレピネビッチ　かつて、石油の対日全面禁輸措置によって日本は非常に厳しい立場に立たされました。石油の供給が制限されたことで、日本は自らの野心を抑え込むか、行動を起こすかという二者択一を迫られたわけです。

つまり、その間を取るということは考えられなかった。プーチンが政権の存続、あるいは個人の存続さえ危ぶまれる状況に追い込まれることがあれば、彼は従来よりもはるかに大きなリスクを取ることを厭《いと》わないかもしれない。

とはいえ、我々が何もしない場合にも、プーチンのような独裁者をより攻撃的にする恐れがある。つまりは我々が弱すぎる場合でも、逆に我々が強硬すぎる場合でも、プーチンに「行動しなければ」とか「政権が危うくなる」と考えさせる可能性はあり、より高い次元の攻撃的な行動に出るリスクがあるのです。

◆バイデン政権の対露抑止は不十分だった

村野　2014年のロシアによるクリミア侵攻以降、欧米の戦略コミュニティでは核武装国との間で危機や紛争が生じた際、相手をどう戦争終結に導いていくかという「オフランプ（出口）戦略」が議論されてきました。我々とは異なる秩序観をもつ指導者の政治目標を変えさせ、出口を見つけるということはそもそも可能なのでしょうか。

クレピネビッチ　ウクライナが将来NATOに加盟しないことを約束するというのは、ある程度オフランプとしての意味合いがあります。

歴史的な事例としては第二次世界大戦後のオーストリアが挙げられます。ロシア軍も西側の連合軍もオーストリアから撤退し、同国は冷戦中も中立国として扱われていました。プーチンが望むならば、ウクライナからの撤退がある種のオフランプになる可能性はある。

とはいえ、ウクライナや欧米諸国がプーチンに勝利を与えず、かつ彼が敗北感を抱かずに戦争から手を引くために、どれだけ有効なことができるかは定かではありません。

ここで重要なのは、ウクライナを単一の事例として捉えないことです。現在に至るまでの米国の行動パターンは、少なくとも2007年にロシアがエストニアに対して行なったサイバー攻撃にまで遡《さかのぼ》ることができます。米国がエストニアでの事態を放置した結果、ロシアは間もなくジョージアを攻撃し、その後は2014年のクリミア侵攻やドンバスへの侵攻が続きました。

類似の事態は西太平洋でも起きていて、最も有名なのはかつて習近平主席が「南シナ海の島々（人工島）を軍事化することはない」と約束したことです。しかし、実際はそうではありませんでした。

そして2021年には、米軍のアフガニスタンからの撤退という大失敗がありました。これはロシアと中国に誤ったメッセージを送ってしまった。

このように、米国がほとんど反応しない、もしくは特定の地域から積極的に撤退するという行動パターンは、プーチンや習近平のような人びとに自信を与えるだけではなく、「米国がどれだけ頼りになるのか心もとない」と、緊密な同盟国や同志国を失望させています。

村野　ウクライナに対する米国の態度は、その抑止力や防衛コミットメントの信頼性にどう影響しますか。

クレピネビッチ　たしかに米国は、ウクライナ侵攻の抑止には失敗しました。経済制裁の脅しがロシアを抑止するとの期待も叶わなかった。抑止力には、最終的に軍事力を行使するという脅しが伴っていなければなりません。

ウクライナにせよアジアにせよ、抑止が機能するには、敵に対して、目的を達成するにはコストが高すぎることを自覚させる必要があります。いわゆる「懲罰的抑止」ですね。あるいは、敵が目的を達成するのを阻止する軍事力をもつ「拒否的抑止」という考え方もあります。

ところが、米国は自分たちがもつ能力を積極的に活用してこうした侵略行為に力強く対応しようとしてこなかったため、抑止力を弱めているのです。

バイデン政権はこの問題を認識し、「統合抑止」と呼ばれるアプローチを通じて、米国の抑止態勢を改善しようとしました。しかし、抑止力は言葉だけではなく行動とリソースによって裏打ちされていなければなりません。米国と同盟国が投じたリソースでは、侵略のリスクを低減するのには不十分だったのです。

◆米国一国で二正面戦略は維持できない

村野　バイデン政権では国防予算を増額させてきましたが、同政権下での高いインフレ率を加味すると、実質的な米軍の近代化に費やされている予算はほとんど横ばいか、減少しているのが実態です。

いずれにせよ、十分な国防リソースを確保することはますます困難になってきていま す。欧州とインド太平洋のどちらを重視するかというトレードオフの問題は以前から指摘されており、その意味ではロシアのウクライナ侵攻は起こるべくして起こった問題と言えますが、トレードオフから生じる戦略的なジレンマをどう乗り越えるべきでしょうか。

クレピネビッチ　いい質問ですね（笑）。少し歴史を遡ってお話ししましょう。

冷戦期の米国は、長らくソ連と中国を相手に同時に大規模戦争を戦うことを想定した二正面の戦力態勢を整えていました。しかし、ソ連の力が大きくなり、中国も徐々に強くなってくると、リソースの制約が生じ、1と1／2戦略という形で戦力態勢が変更されました。つまり、大国との大規模戦争と、イランやイラクのような小規模戦争に同時に備えるという態勢です。

冷戦が終わると、この戦略がさらに見直されます。北朝鮮に対する戦争と同時に、イランやイラクとの戦争に同時対処できるような態勢を追求するという意味での二正面戦略です。

しかし現在、二正面戦略を実行するうえでは、敵の規模が大きくなりすぎています。中国のGDPは米国が20世紀に直面したどの主要な競争相手よりも大きく、第一次世界大戦期のドイツ、第二次世界大戦期の枢軸国、冷戦期のソ連と比べても、中国の経済規模は倍以上ある。

さらに歴史的に見ると、ナポレオンが欧州を支配しようとして以来、第一次世界大戦時のドイツ、第二次世界大戦時の枢軸国、そして冷戦期のソ連と、覇権をめざそうとする国はいずれも特定のある国ではなく、複数国の連合（コアリション）によって敗れています。

つまり、リソースの不足、戦争の性格の変化、修正主義的な大国の野心といういずれの要素を取って見ても、コアリションを構築することが重要になるということです。

また、近年日本では防衛費を2027年度にGDP比2％まで増額すると決まったようですが、同盟国の努力量の増加が足りていないことも事実です。ドイツも防衛力の強化を進めているのは心強いですが、それでも中国に対して、我々が有利な軍事バランスを保ち続けられるかどうかは不透明です。

◆核の「三極体制」に移行しつつある

村野　我々はリソース制約下において、通常戦力の不足をどのように補うのかという問題に直面しています。そこで議論になるのが核兵器の問題ですが、大国間競争の時代にどんな役割を果たすと考えますか。

クレピネビッチ　米国の軍事コミュニティには「敵に1票」という言葉があります。敵の行動は、我々が抑止力を維持するため、あるいは抑止が失敗した場合の防衛策を考えるのに何をすべきかを後押ししてくれる、という意味です。

2021年夏、中国がICBM用のサイロを300カ所も建設していることが明らかになり、核弾頭数についても向こう10年で数百発から1000発以上に拡大しようとしているとの推計も出されています。これは中国が他の軍事分野と同様に、核の分野でも米国と同等かそれ以上になることをめざしていることを示唆しています。今後数十年で中国を主要な軍事大国にするという習近平主席の決意を考えると、中国が核弾頭を1000発保有することで満足するとは考えにくい。

私がとくに気にしているのは、中国での「抑止」という概念の意味合いが、我々が考えるところの抑止とは異なるということです。中国語で言う「抑止」にはたんに相手を思いとどまらせるというだけでなく、他国を威圧するための強制力としての意味合いを含んでいます。

つまり、中国に対する核戦略を考えるときには、日本などの主要な同盟国と約束している拡大抑止をどう強化するか、という点についても考えなければならない。

いま、我々は米露という核の二極体制から、米中露という核の三極体制に移行しつつあります。この体制下では各国がそれぞれの国に対して同時にパリティ（均衡）を追求することは不可能になる。

すなわち、もし各国が同じ数の核兵器を持っていたとしても、そのうち2つの国が協調してしまえば、残りの一国が一方的に不利な状態に置かれてしまうということです。そうなれば三極体制の下では軍拡競争が始まるか、抑止上のリスクが高まるという状況が生じてしまいます。

もう1つ心配しなければならないのがインドです。中国が1000発の核弾頭を保有し、さらに数を増やそうとするとき、インドが黙っているでしょうか。同国は軍拡に向けた多くの取り組みを行なっているように見えます。

このように、中国による核戦力の増強はより広範囲に不安定な状況を生み出すことになります。我々が直面する状況は、核兵器が最初に誕生したときと同じではありません。すでに新たな時代に入りつつあるのです。

村野　私が最近取り組んでいる研究の1つが、米中の相互脆弱性（互いに相手からの核攻撃に対して弱いこと）が拡大抑止にどのような影響を与えるかという問題です。米国が中国との間で相互脆弱性を認めた場合、どのような懸念が生じるでしょうか。

クレピネビッチ　1950年代にソ連が核を増強して、脆弱性が生じたときと似たような状況が生じるかもしれません。少なくとも当時のフランスの一部には、米国がソ連の核攻撃に対して脆弱になったことを受け、独自の核戦力を持つ必要があるという思いが出てきました。これは日本のように米国の「核の傘」に依存している国にとっては興味深い問題です。

他方で、冷戦期におけるソ連の核軍拡がもたらした帰結の1つとして、米国では核という切り札が容易に使えなくなったことで、通常戦力への依存を強化する必要性が生まれたことも指摘しておくべきでしょう。

興味深いことに、アイゼンハワー大統領は1950年代の状況を見て、米国は「核能力の優位性を失いつつある」と述べるとともに、米国経済と同盟国の経済をソ連よりも強くする必要があると述べています。なぜなら、通常戦力を維持・強化し、競争相手に対して優位を築くには、強力な経済基盤と技術基盤が必要だからです。

つまり長期的視点で見れば、日米の経済基盤がどれだけ強力でいられるか、というのが問題の一部になるでしょう。

◆第一列島線をどう防衛するか

村野　ここからは、日米の戦略的連携をどう更新・強化していくかについてうかがいます。2010年にオバマ政権が発表した「4年ごとの国防見直し（2010QDR）」では、海空軍を主体とした「統合エアシーバトル」という新たな作戦構想が注目を集めました。あれから10年以上、米軍の統合作戦構想は更新を繰り返してきましたが、現在の国防省における開発状況をどうご覧になりますか。

クレピネビッチ　統合作戦構想は極めて必要とされているものですが、遅れているのが現状です。これはバイデン政権で国防副長官を務めたキャスリーン・ヒックスと私が、第1期トランプ政権下の2018年の国防戦略委員会に携わっていたときから懸念していたことです。

問題の1つは、構想が想定する脅威と解決すべき問題を定義していないことです。同盟国や同志国を含む第一列島線を防衛するにはどうすればいいのか、統合作戦構想で明らかにするべきでしょう。

我々が直面しているのは9・11後の20年間に行なわれた対叛乱作戦や対テロ作戦とは異なる問題で、サダム・フセインや金正日《キムジョンイル》とも違います。欧州に焦点を合わせていた冷戦期とも異なります。いまはインド太平洋なのです。こうした点を踏まえれば、かつて同様の装備や各軍の役割が通用するとは考えられません。

難しいのは、変化があまりにも大きいため、その新たな変化と課題にどう対応するかによって、軍種間に顕著な勝者と敗者を生み出してしまうということです。各軍が抵抗しているのはこの点で、彼らは誰も敗者になりたくないのです。

そして、先ほど国防投資の不足について議論しましたが、非効率かつ非効果的な投資を行なっている場合には、この問題がさらに深刻になる。エアシーバトル構想は結局行き詰まってしまいましたが、以降も問題解決のための努力は続けられており、その観点から我々が考案したのが列島線防衛構想です。

とても興味深いことに、私の列島線防衛についての論文が『フォーリン・アフェアーズ』に掲載された2週間後に、陸上自衛隊の西部方面総監部に招待されました。

これまで長い間、日本人は米国人の考えに追いつこうとしているように見えましたが、そこで私は、米国人こそ日本人の考えに追いつかなければならないと気づかされたのです。以来、日本政府や自衛隊の友人たちとは適切な問いかけをし続けてきています。

第一列島線なら誰がどのエリアに責任をもつのか。どのように互いを支援すればよいのか。他にどの国の支援が必要か。中国が第一列島線を越えて、第二列島線沿いに基地をつくるのをどう防ぐのか——といった論点があります。

日本は、フィリピンやベトナムなどの地理的な価値を有する重要な国々と非常によく協力してきました。インドも東南アジアとの関係構築という点では非常に優れています。豪州も同様です。ある日本の友人に言われたことですが、「米国人もゲームに参加して、一緒にやるべきことを始める必要がある」のです。

村野　日本では2022年12月、「国家安全保障戦略」「国家防衛戦略」「防衛力整備計画」が閣議決定されました。そこでは長距離打撃能力にも言及されており、列島線防衛構想にも関わります。インド太平洋における日米の戦略や戦力構成を今後どのようにアップデートしていくべきでしょうか。

クレピネビッチ　第1に、現在の米軍の態勢は全体的に遠征型になっており、有事にはハワイや米国本土から多くの部隊を西太平洋に移す必要があります。このような遠征型の態勢は、前方展開型の態勢にシフトさせる必要があります。これは前方を基盤にするという意味ではなく、前方展開するローテーション部隊を増やすという意味です。これは一夜にして実現できるものではありませんが、非常に重要なことです。

たとえば、フィリピンではこのようなローテーション展開が今後数年でできるようになるかもしれない心強い兆候があるし、南シナ海における中国の能力を封じ込めるという意味ではベトナムとの協力を発展させることも重要です。

第2に、動員訓練を実施する必要があります。日本には自衛隊がありますが、重要なのはそれを実際に動員するという観点です。

かつて冷戦期には、「REFORGER」という演習が実施されたことがあります。「ドイツに戦力を戻す（Return of Forces to Germany）」の略で、緊急時の部隊の前方展開能力を確認するためのものでした。

我々は同様の演習を通じて日本、韓国、フィリピン、豪州など、この地域の同盟国を支援するための能力を確認する必要があります。台湾は同盟国ではありませんが、我々には防衛義務があります。

中国と動員競争になった場合、彼らに圧倒的なリードを許してしまうかもしれません。実際、冷戦期のソ連にも同様の状況が見られました。

そこで我々は兵員を展開するのではなく、まず前方に装備だけを配備しておき、必要の際には兵員だけを移動させれば済むようにしたのです。結果、動員競争におけるソ連の優位は失われ、抑止力を向上させることができました。

◆西太平洋の北は日本、南は米豪が守る

村野　それでは具体的には、日米にはどのような態勢が必要となるのでしょうか。

クレピネビッチ　何よりもまず責任を決める必要があります。日本の友人からは「北側は我々がやる」と言われたことがあります。北側とはいわゆる「南西の壁」を構成する琉球の島々のことを指します。

地球儀を俯瞰して西太平洋を見たとき、北側に当たる南西諸島を日本がカバーし、南側を米国と豪州がカバーするという構想です。これはまだ構想中の計画であり、今後詳細を詰めていく必要があります。

抑止力についてはどうするか。もし中国が南西の壁を攻撃すれば、日本人だけではなく米国人も殺されるリスクがあります。そうなれば、米国が戦争に関与する可能性が高まり、より大きなリスクになる。そのとき、どのように戦い、守るのか。日本の打撃力にどのような価値があるのか、という問いに行き着きます。

私は、日本の長距離打撃能力には価値があると考えています。

第1に、それは日本の総理大臣に1つの追加的な選択肢を提供することになります。戦争になったら総理がどのような状況に直面するかは予測することはできないわけで、選択肢を複数もつことは重要です。

第2は、抑止力の向上です。中国が日本国内にある目標を破壊しうるリスクをもたらしているのと同様、日本も中国に対して「我々も同様のことができますよ」と抑止力を高められます。

第3は、日本の地理的特性と射程の問題です。日本は非常に長い列島線を有していて、長距離打撃能力は中国本土を脅かすことにも使えますが、南西の島嶼部の守りを強化するための火力としても使うことができる。つまり、ミサイルや火砲に十分な射程があれば、部隊を本州に置いたとしても、そこから沖縄を含む南西諸島に侵攻してくる敵部隊を攻撃できるのです。

最後に、日米に必要なものとして挙げたいのが統合された指揮統制組織です。他の同盟国との関係と同様、我々にはどのような区分けであっても米軍と自衛隊とを一体的に指揮するための統合司令部が必要です。

村野　もしも東アジアでウクライナ戦争のような事態が生じたとき、どんな影響が生じるでしょうか。

クレピネビッチ　もちろん、我々には中国を侵略するつもりはありませんし、中国も米国を侵略するつもりはないでしょう。それでも、それぞれの側に戦う意思と手段があるかぎり両者は戦い続けることができる。

そこで長期戦になった場合、徐々に優位に立てるようにするには何が必要なのかを考えなくてはなりません。中国が日本を封鎖し、食糧やエネルギー供給を制限しようとしてきたら、その封鎖をどう打ち破るのか。我々が中国に対して封鎖を仕掛けるのか。その場合、どのような制裁を行なうのかなどです。

もし戦争が起きれば、どれだけ苦汁を飲むか、飲ませられるかという能力が、決定的な要素になるかもしれません。これは米国人や日本人が自らの安全を守るために、どれだけの犠牲を払う意思があるのかという問題でもあるのです。

我々が直面している問題は無数にあり、それらの解決に取り組むのが早ければ早いほど、より安全に暮らせるようになるはずです。

第4章

世界が見習うべき日本の国防

H・R・マクマスター
Herbert Raymond "H. R." McMaster
×
村野 将

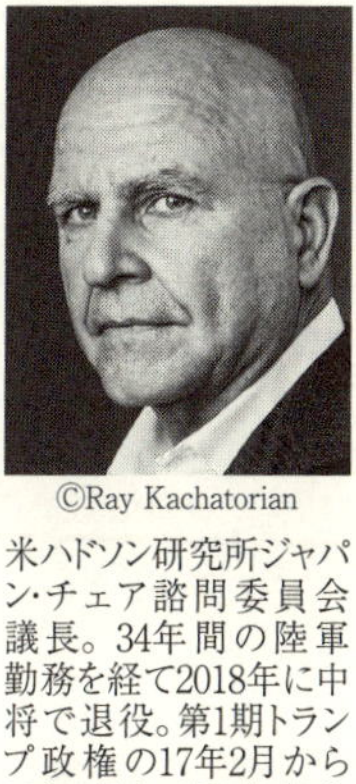

©Ray Kachatorian

米ハドソン研究所ジャパン・チェア諮問委員会議長。34年間の陸軍勤務を経て2018年に中将で退役。第1期トランプ政権の17年2月から18年4月まで国家安全保障担当大統領補佐官を務めた。著書に『戦場としての世界』（日本経済新聞出版）など。

◆日本の戦略三文書は素晴らしい

村野　「トランプ2・0」の時代に日本の安全保障政策を考えるうえで、まずは現在の日本の戦略について基本的なポイントを押さえておきたいと思います。

2022年12月に発表された日本の戦略三文書（「国家安全保障戦略」「国家防衛戦略」「防衛力整備計画」）は率直に言って、非常に良くできている文書です。

注目すべき点は複数ありますが、第1に、「国家安全保障戦略」では中国を「わが国の平和と安全及び国際社会の平和と安定を確保し、法の支配に基づく国際秩序を強化するうえで、これまでにない最大の戦略的な挑戦」として明確に位置づけています。表現の細部は異なりますが、バイデン政権の2022年版の「国家安全保障戦略」（NSS）や「国家防衛戦略」（NDS）と概ね同じことを記しています。

第2に、「国家防衛戦略」と「防衛力整備計画」では、日本の防衛力を構築していくにあたって「相手の能力と新しい戦い方」に焦点を当てることの重要性が強調されている点が特徴です。これは、米国でも採用されてきた「能力ベースプランニング」と呼ばれる手法に近く、2013年版の「防衛計画の大綱」から採用されてきた経緯があります。この手法では将来直面する可能性の高いいくつかの防衛計画シナリオに照らして、自衛隊の機能・能力のギャップを特定する分析作業が行なわれます。

これまでも、自衛隊にいかなる機能・能力のギャップが存在するかは特定されていたものの、それを埋めるためのリソースは絶対的に不足していました。とくに中国や北朝鮮のミサイルの脅威に対処するための統合防空ミサイル防衛能力、長距離打撃能力、弾薬・燃料・輸送能力などの兵站を含む継戦能力は不足していた。

しかし2022年の「防衛力整備計画」に則って、日本政府は2027年までに防衛予算をほぼ倍増するとしており、これらのギャップを速やかに埋めていかなければならないという、政治的意欲ないし危機感のようなものが見えてきました。

日本の防衛戦略は、戦力構成指標や戦力開発の具体的なマイルストーンを明確にしているという点で、（戦力構成指標を示していない）米国の「国家防衛戦略」（公開版）よりも優れているとさえ言えるかもしれません。

以上が私の考えですが、ワシントンの日米安保コミュニティからも、すでに多くの肯定的な評価が出ていますね。マクマスター将軍は日本の戦略三文書について、どう評価しますか。

マクマスター　じつのところ、私も素晴らしい内容だと率直に評価しています。最も注目すべきは、村野さんがまず言及したように、地域の潜在的な敵を明確な視点で捉えていることでしょう。とくに中国共産党と人民解放軍の脅威を訴えていることは重要です。

人民解放軍は1990年代後半、つまり台湾海峡危機以降、国防予算を約44倍に増やしましたが、米国も、そして日本も彼の国の軍備増強への対応には後れを取りました。加えて、グレーゾーンの問題や防空識別圏への侵入、日本の領海へのミサイル発射、ロシアとの合同演習など図々しい侵略行為も指摘されています。北朝鮮の脅威を直接的に示すだけではなく、ロシアの脅威、そして中露が互いにどう協力し合っているかを示したことも、文書のポジティブな点と言えるでしょう。

もう1つの重要な要素は、国力のすべての要素や同志国との努力を統合することが強調されている点です。日本の独自の安全保障能力と役割の強化については多く議論されてきましたが、それが防衛戦略にも直接反映されたと見受けました。

国防に関する文書は、「国家安全保障戦略」のより広い構成に適応する必要がありま す。日米同盟の強化はもちろんのこと、豪州、インド、韓国、欧州諸国、ＡＳＥＡＮ諸国、カナダ、ＮＡＴＯ、ＥＵなどとの安全保障協力を通じて、自由で開かれたインド太平洋をさらに推進することは国家安全保障戦略上、見過ごすことが許されない重要な側面です。

さらに申し上げるならば、安全保障には経済的な側面があり、それは防衛や防衛能力にとっても重要だという認識が示されている点も着目すべきですね。サプライチェーンの弾力性や、エネルギー安全保障が強調されているのがその例です。

◆中国への見通しが甘かったバイデン政権

村野　日本の戦略について肯定的な評価をいただきましたが、バイデン政権の戦略についてもうかがいたいと思います。マクマスター将軍は第1期トランプ政権の国家安全保障担当大統領補佐官として、「2017年版国家安全保障戦略」（2017NSS）をとりまとめました。トランプ政権時代の「国家安全保障戦略」と「国家防衛戦略」は非常に整合性が取れていましたが、これらの策定プロセスと比較したうえでバイデン政権の戦略はどう評価しますか。

マクマスター　第1期トランプ政権とバイデン政権の「国家安全保障戦略」や「国家防衛戦略」を比較すると、違いよりも似た点のほうが多く見受けられます。ただし、その過程には葛藤があったようにも思える。

たとえば、バイデン政権は二酸化炭素の排出削減などの重要な問題で、中国との協力の可能性を見出そうとしていました。しかし、我々がよく知るように、中国との協力を望むときは、いつでも中国共産党そのものが問題になる。こちらが協力したいと思い至っても、彼らが行動を変える可能性は低い。まずはこの事実を認識しなくてはなりません。

中国に我々の考えを尊重させるには、自由で開かれた社会と経済システムを中国の侵略から守るため、多国間協力を構築している事実とそれを担保する能力をもっていることを見せつけることが大切です。

そう考えるならば、バイデン政権の「国家防衛戦略」はもっと力強いものであるべきでした。中国共産党や人民解放軍の指導者に対して、武力行使では目的を達成できないとわからせなければいけないし、中国を抑止するためのハードな防衛力の重要性を過小評価しないよう、我々も自覚する必要があります。だからこそ、防衛予算の倍増を決断した日本は高く評価されるべきなのです。

米国の戦略を評価するうえでは、国防権限法（NDAA）、つまり国防予算も見る必要があります。バイデン政権下の国防予算は、中国の脅威に対処するための防衛力の増強や拒否的抑止力の確保、近年開発された中国の各種能力に対抗するうえでは不十分でした。

しかし2023年12月に成立した国防権限法には、米国の競争力を維持するために役立つ技術の多国間開発を奨励するなど、きわめて前向きな条項が含まれています。日米間で行なわれた「2プラス2」でも、競争上の優位性を維持するために重要な技術を共同開発し、より強靭《きょうじん》なサプライチェーンへの投資や防衛産業基盤の必要性が強調されました。

ただし、武力行使では目的を達成できないことを暗に敵に伝えても、時間がかかりすぎるなどの問題点もあります。そこでいま真に必要とされているのが、新たな多国間司令部あるいは統合運用司令部であるというのが私の考えです。

米軍と日本の自衛隊の指揮官が毎日一緒に働き、必要ならば一緒に戦うための能力を評価する。そうすれば、両者の能力のギャップや多国間ドクトリンの相互運用性への理解が深まるし、互いの防衛力を補完して強化する方法や優先事項を明らかにできるでしょう。

村野　すべてに同意するお話です。とくにバイデン政権の「国家安全保障戦略」は、中国の野心に対する警戒感が強調されている一方で、協力分野を見つけることができるはずとも書かれている。

しかし、米国とその同盟国にとっての戦略目標と、中国の行動やその野心はまったく異なるものです。たとえば、米国にとっての進歩とは、民主主義や自由で開かれたルールに基づく秩序に根ざすものと定義されています。

一方で中国は、こうした秩序を修正ないし再構築することを望んでいる。これは人類の未来に対する根本的な認識の違いであり、そうである以上、米中が共存できる余地は極めて狭いのが現実です。

◆日本の核武装論に影響を与える韓国の動き

村野　冒頭では日本の戦略についてポジティブな側面を強調しましたが、今後の課題にも触れたいと思います。

2022年に改定された戦略三文書は主要なポイントを網羅的にカバーしているものの、日米協力をどう深化させるかについては比較的あっさりしていました。もちろん、2023年1月11日に行なわれた日米の「2プラス2」で発表された共同声明からは、現在進行形の議論があることがうかがえました。

たとえば、バイデン政権の「国家防衛戦略」では、米軍の新たな統合作戦構想はまだ開発途上であることが示唆されています。ただし、こうした作戦構想は本来、同盟国との協力を踏まえて策定し、それを基盤として互いの役割・任務・能力（ＲＭＣ）の分担を議論すべきものです。

加えて日本は、いわゆる「反撃能力」と称する独自の長距離打撃能力の取得を決定しましたが、米国の地上発射型トマホークや米陸軍の長射程極超音速滑空兵器（ＬＲＨＷ）などのほうが、日本のシステムよりも早く配備できるでしょう。こうした米国のシステムの前方配備や、日米の統合的なターゲティング調整などについても、議論を始める必要があります。

先ほど、日米の指揮統制機構に関するお話がでましたが、日本がようやく統合作戦司令部の設置を決めたことは、米国とのより深く円滑な連携に資するでしょう。

ただ、私は米国側にも見直すべき点があると思っています。それは北東アジアにおける指揮統制構造についてです。米韓連合司令部は朝鮮半島において独立した作戦指揮権限を有していますが、在日米軍司令部はインド太平洋軍のような作戦指揮権限を有していませんでした。在日米軍司令部の統合司令部として再編するという動きは、２０２４

年7月の「2プラス2」でようやく合意されましたが、日米両国の統合司令部機能が実際に動き始めるのにはまだ時間がかかりそうです。

このような状況下で、もし台湾と朝鮮半島に連動する形で危機が発生した場合、どうなるのか。インド太平洋軍と在韓米軍との間ではいかに効果的な戦力配分や作戦指揮が行なわれるのかが不透明で、私はこの点を憂慮しています。

マクマスター　在日米軍司令部をより運用しやすい形に再編し、日本の統合作戦司令部と一体化させていく方向に進んでいるのはよい流れです。

その次に考えうるステップが、実際に指揮機構を動かすことです。村野さんが懸念されているように、北東アジアで何がしかの軍事的対立が生じたとき、その危機が日本あるいは韓国のどちらかだけにとどまることはありません。この点、日本の戦略三文書のなかで、韓国との関係改善や協力・調整の必要性が強調されていることには、大いに勇気づけられました。

先に述べた日米の統合司令部機構の構想は、作戦における齟齬《そご》を解消するだけでなく、多国間での作戦そのものを効果的に統合することに役立つはずです。そのうえで、韓国を日米のウォーゲームに参加させたり、指揮統制や調整メカニズムを洗練させたりという動きを進めるべきではないでしょうか。

まず連携すべき領域は、航空宇宙及び海洋でしょう。しかし、中国が島嶼部に脅威を与えていることに鑑みれば、陸上領域との連携も急ぐべきです。

その意味では、陸上における迅速な対応能力を強化すべく、陸上自衛隊が独自の海上・航空輸送能力の開発を重視しているのは喜ばしい。海洋・航空宇宙領域に対して戦力投射が可能な陸上部隊は、環境に左右されやすい海や空と異なり、安定した環境で活動できる強みがありますから。

村野　バイデン政権での核態勢見直し（NPR）は、これまで日米・米韓と別々に行なわれてきた拡大抑止に関する協議枠組みを、日米韓三カ国あるいは豪州を含めた多国間の協議枠組みに広げることを模索すると記しています。これは、地域における調整メカニズムを更新するための前向きな兆しです。

無論、関係者は日韓・日米韓協力には困難があることも承知しているでしょう。いきなり政府レベル（トラック1）で始めるのが難しければ、日米拡大抑止協議に韓国の専門家をオブザーバーとして招待すると同時に、米韓拡大抑止戦略協議体に日本の専門家を招待する形で、トラック1・5協議から始めるのも一案です。このとき、シンクタンク・コミュニティが何らかの基盤を提供する役割を果たす必要があると思っています。

◆北東アジアの核抑止をどう考えるか

マクマスター　核不拡散体制に対する圧力が高まっているいま、拡大抑止の信頼性を強化することが喫緊の課題に挙げられます。現に韓国では、何らかの形で核兵器を配備すべきか否かという議論が巻き起こっています。歴史を振り返ると、冷戦期の朝鮮半島には1000発以上の米国の核兵器が配備されていました。

米国には爆撃機、ICBM、そして戦略ミサイル原子力潜水艦からなる強力な「核の三本柱」があります。

しかし中露がこれに対抗し、ロシアが言うところのエスカレーション・ドミナンスを追求して核兵器を使用しようとした場合、世界は我々の条件で平和を模索するか、全面核戦争を覚悟するかというジレンマに直面するでしょう。

　こうした敵国の脅しを防ぐため、何よりも重要になるのが通常戦力です。2022年2月24日、ロシアがウクライナに侵攻した際、多くの人間が核戦争へのエスカレーションを懸念しました。あのとき仮に、ロシアの侵攻がウクライナ軍の強力な通常戦力によって抑止されていたならば、我々の認識は違ったはずです。

また、通常戦力による反撃能力でも核使用の抑止に役立つ場合もある。たとえば日本が、通常兵器による反撃で潜在的な敵が受け入れがたいと考える損害を与えられるならば、敵は報復を恐れて自重するかもしれない。核エスカレーションの可能性を抑止するうえで、強力な通常戦力が重要な役割を果たしうる点は過小評価すべきではありません。

　日本は非核三原則を維持しながら、米国と効果的な核抑止力を構築するための重要なパートナーになれます。韓国にもこの一翼を担ってもらわなければなりません。

村野　時おり韓国の友人や記者から「もしも日本が本気で核武装を考えるとすれば、それはどんな状況か」という興味深い質問を投げかけられます。私は、日本が核武装を本気で考え始めるとすれば、主たる要因は北朝鮮でも中国でもなく、韓国の行動だと見ています。すなわち、韓国が独自核武装に向かう場合、あるいは米国の核兵器の再配備を受け入れるなどのケースです。

私は現時点では、核武装が抑止力を高める最適なオプションだとは考えていないし、米政府がそうした案に容易に同意するとも思えない。しかし、韓国がそうした方向に動いた場合は、「我々にも核がほしい」と考える日本の政治家や国民感情を論理的・戦略的に説得するのは難しいように思えます。

だから私はいつも米国の友人たちに、「韓国に何かを認めたときには、日本にも影響を及ぼす。北東アジアの潜在的な核拡散の可能性に対処するためには、拡大抑止に対する米国の強力なコミットメントが不可欠だ」と伝えています。

◆防衛能力への投資の拡大を

村野　それでは、通常戦力の前方展開態勢についてはどうでしょうか。先ほど、米国の地上発射型トマホークやＬＲＨＷの話題に触れましたが、海兵隊も地上発射型ミサイルの取得を試みています。２０２３年１月の日米の「２プラス２」では在沖海兵隊の態勢を再編することに合意しましたが、これはＥＡＢＯ（遠征前進基地作戦）と呼ばれる海兵隊の新たな作戦構想に基づいて島嶼防衛能力を強化することに狙いがありますね。

マクマスター　インド太平洋だけでなく、世界的に前方展開態勢を強化すべきです。我々はいま、欧州における抑止の失敗を目の当たりにしていますが、ロシアにおける一連の攻勢のあとも、米国は欧州の前方展開戦力を後退させ続けています。

欧州では第二次世界大戦以降、最大の地上戦が行なわれましたが、プーチンの侵略はいまに始まったことではない。２００７年のエストニアに対する大規模サイバー攻撃や、２００８年のジョージア（グルジア）侵攻などがその始まりです。

そんなプーチンの行動に我々はどう対応したかと言えば、軍を縮小させ続けてきました。この傾向は２０１４年のクリミア侵攻以降も続きましたが、そこで始めたのが、より小規模な部隊を欧州にローテーション展開する方式です。恒久的に駐留する優れた統合部隊と司令部の組み合わせは、上手く機能することが証明されてきました。少なくとも8年間は大国間の紛争を防いできましたから、このモデルを続けるべきです。

同時に我々は、同盟国自身に対しても自らの能力を強化する必要があると訴え続けてきました。自国の安全を気にするすべての国は、昨今の日本のように責任のある一歩を踏み出し、自国の防衛能力への投資をもっと増やさなければなりません。

米国はいま、十分な規模の武器や弾薬を製造できるよう、国防イノベーション基盤や産業基盤を強化しています。日本や自衛隊が米国の防衛請負業者との間で多くの未履行契約を抱えている点は私も知るところで、日本がすでに購入した防衛能力を可能なかぎり速やかに提供できるよう努めなければなりません。

村野　いまのご指摘は、広義の兵站や継戦能力にも関係する話ですね。ウクライナ軍がロシアの侵攻に対処し続けている事実からも、継戦能力と兵站の維持が極めて重要であることは明白です。

しかし、陸上ベースの欧州の安全保障環境と、海空ベースのインド太平洋の安全保障環境では兵站の難しさも異なります。

ウクライナではいま、多くの物資がポーランドや比較的安全な西部を経由して運ばれていることで、補給線が機能しています。しかし、仮に台湾をめぐる危機が生じた場合、中国による心理的恫喝や物理的妨害により補給線が脅かされる可能性が高い。

つまり台湾有事を想定する場合には、外部からの兵站維持もさることながら、事前集積や事前生産体制がより重要です。

マクマスター　私がいま思うのは、我々は産業規模や国家安全保障イノベーションの基盤に関して、これまでリスクを取りすぎてきたということです。効率性を優先して国防予算を削減したあまり、使える在庫がなくなってしまったのですから。

たとえば、米国はウクライナに防衛装備品の提供を拡大していますが、もともと対戦車ミサイル・ジャベリンの製造は発注から納入までに7年かかります。現在は生産を拡張していますからそれほどの時間はかかりませんが、いずれにせよ、生産体制の拡充はより広い分野で行なわれるべきです。

ウクライナの状況からは、現代の戦争では規模やキャパシティもかなり要求されることがわかります。何よりも重要なのは、戦闘能力を維持するための兵站です。効率を追求しすぎて戦争に負ければ、何の意味もない。何が本当の意味で効率的かを定義すべきです。ある程度の部隊を前方に展開し、そこに物資や弾薬を事前に集積することで解決できる問題はあります。

しかしそれでもやはり、かなりの輸送能力が必要となる。ですから、日本が「国家防衛戦略」で、自衛隊が海上・航空輸送能力により多くの投資を行なうとしていることは、兵力展開においてとても重要です。

◆日米は互いの防衛力を補完し合え

村野　米国は第1期トランプ政権下の2017年「国家安全保障戦略」や2018年「国家防衛戦略」の時点で、自国のリソースが限られていることに鑑み、中国・ロシアとの二正面同時対処は不可能であることを前提とした戦略に舵を切りました。

他方で、グローバルに統合された安全保障環境では、弾薬不足の問題は地域横断的な影響を生み出します。弾薬や燃料の備蓄量は、継戦能力に直結することから極めて機密性の高い情報で、たとえ同盟国であっても互いの備蓄量を共有しないというのが一般的です。

しかしリソース制約下において、効率的な防衛力を構築して統合作戦を実施するためには、もはやそんなことは言っていられないように思います。日米のような同盟国間で、弾薬や燃料の備蓄量に関する情報を共有するスキームをつくることは可能でしょうか。

マクマスター　もちろん、やるべきです。備蓄に関する情報を機密レベルで共有することとは、極めて重要でしょう。日米両国がともに取り組むべき課題がどこにあるのかを知ることにもつながるはずです。

何よりも重要なことは、日米が互いの防衛力を補完し合うという考え方です。能力開発は互いにやるべきことが多すぎますから、別々に取り組んでいては事業が重複することもあるでしょう。ですから、我々は互いを補完し合い、組み合わせて使える能力を開発するにはどうすべきかを考えるべきなのです。

村野　おっしゃるとおりです。中国と台湾のリスクにどう備えるべきか、最後にお聞かせいただけますか。

マクマスター　やはり重要なことは、多様な能力を開発するにあたり、手遅れにならないようにすることでしょう。この点に関して、我々は極めて高い危機感をもつべきです。

日本と米国が陥りうるリスクは大きく2つあります。1つは時間が足りなくなることで、もう1つは十分なリソースを投入できなくなることです。古い格言に、「時間があってもリソースがない。リソースがあっても危機が迫っていて必要な能力を開発している時間がない」というものがあります。

我々はすでに後れを取っていることを自覚しなくてはなりません。そのうえで、日米は中国や北朝鮮を抑止し、北東アジアの平和を防衛できるよう、必要な能力を開発するために協力し合うことが肝心なのです。

第5章 トランプ政権は中国と「戦う」のか

エルブリッジ・A・コルビー
Elbridge A.Colby

×

村野 将

©Christopher Rorer Thompson

第2期トランプ政権国防次官（政策担当）。非営利シンクタンクのマラソン・イニシアティブ共同設立者・代表。ハーバード大学卒業。イェール大学ロースクール修了（JD）。国防次官補代理（戦略・戦力開発担当）などを歴任。著書に『拒否戦略』（日本経済新聞出版）、『アジア・ファースト』（文春新書）。

◆トランプ政権の「中国第一戦略」とは

村野　コルビーさんは第2期トランプ政権の政策担当国防次官に指名されていますが、防衛戦略の専門家や政策実務家として、かねてより一貫した問題提起をされてきました。

それは「米国が国防に費やすことのできるリソースは限られており、かつてのように複数の危機に同時対処する余裕はない。戦略には適切な優先順位づけ（prioritize）が必要だ」というものです。この指摘は戦略の本質を表していると思います。「すべてが重要だ」というのは無意味で、優先順位づけのプロセスこそが戦略だと思うからです。

コルビーさんが主導した、第1期トランプ政権の「国家防衛戦略」（2018NDS）は、この考え方が強く反映されていました。伝統的に、米軍の戦力構成基準は2つの地域で発生する紛争に同時対処すること（二正面戦略）を念頭に設計されてきましたが、それを修正して、1つの地域における大規模紛争での勝利に集中するという一正面戦略を採用した。いわば中国第一戦略です。

　この方針転換は日本を含むアジアの同盟国には基本的に歓迎され、対中国を最優先する原則は、バイデン政権の戦略にも引き継がれました。

　私は、中国対処、すなわち台湾有事の抑止を最優先事項とする方針を強く支持しています。しかし、その後起きたのは、ロシアのウクライナ侵略やハマスのイスラエル攻撃に始まるガザ問題の再燃など、多正面での危機でした。

　米国の戦略コミュニティが、リソース制約に起因する問題を真剣に議論し始めたのは2018年ごろからでしたが、最適な解決策を見出すのが極めて難しい複雑な問題で、いまでも解決されていません。あらためて、このリソース制約と多正面同時対処問題をどう捉えていますか。

コルビー　優先順位をつけることが戦略の本質だというのは、そのとおりだと思います。難しいことを言っているように聞こえるかもしれませんが、企業でも家庭でも支出について考えるときに、資源が無限にないのであれば優先順位をつける必要があります。優先順位のつけ方としては、それを明確に行なうか、暗黙のうちに特定の何かを優先し、ほかを下げるかのどちらかしかない。

残念ながら、バイデン政権だけでなく米国議会や『ウォール・ストリート・ジャーナル』の論説欄のような場所で、多くの米国優越主義者（primacist）たちがやっていることとは、基本的にアジアを犠牲にして、欧州と中東を優先することです。彼らはそれを認めませんが、結果的にそうなっている。これは大きな間違いだと思います。

日本政府にしても台湾政府にしても、こうした傾向に無批判に付き合うことは重大な過ちです。日本と台湾そしてアジアは、明確には言われなくても、暗黙のうちにその優先順位を下げられてしまっている。

北朝鮮はもとより、中国の脅威は非常に大規模に成長しているにもかかわらず、米国とその同盟国はそれに追いつくことができておらず、代わりに欧州、中東に関心や政治的意思、予算を振り向けてしまっています。

米国の戦略はますます説得力のないものになりつつあります。バイデン大統領は「我々はあらゆることができる」と言っていましたが、彼は国防予算の増額を要求しませんでした。また同盟国に対して（より多くの役割を果たすよう）圧力をかけているわけでもありません。

率直に言って、バイデン政権は軍事力をあまり重要視していないように見えるわけです。これは賢明ではありません。中国は明らかに、米国と日本を含む同盟国に対抗するために大規模軍拡を行なっています。

多くの共和党員を含む米国優越主義者たちも、我々はあらゆることをやり続けるべきだという見方をしています。しかし、その主張は理に適っていません。というのも、彼らは長年にわたって米国の国防予算が十分ではないと指摘してきた人びとだからです。

彼らが主張してきたように国防予算が不十分なのだとしたら、なぜその状態で、あらゆることができるのでしょうか。国防予算を倍増すべきだという彼らの主張そのものは、私も正しいと思いますよ。

しかし問題は、仮に予算を2倍にできたとしても、それがアジアにおける我々の立場を改善するには何年もかかるということです。中国の脅威に直面するのは、それが早いか遅いか正確なところは誰にもわかりませんが、おそらく今後10年間の後半になるでしょう。

しかも、米国民は国防予算の大幅増額にはほとんど関心を示していません。もちろん、バイデン政権は国防予算の増額を推進しなかったわけですが、議会の共和党下院議員も同じく推進していなかったのです。

こうした状態では、今後国防予算は微増することはあっても、2倍になることは考えにくい。個々の戦略家や政策提言グループが何年も前から「国防予算を2倍にするべきだ」と繰り返し主張してきましたが、それが実現しないのは目に見えています。そうだとしたら、現実の世界に適した戦略を構築するほかありません。

中国に対する脆弱性が指摘されているなかで、いま必要とされているのは、現実に実行できる戦略です。国防予算を倍増させて、ウクライナや中東ですべてのことをやり続けられるようにしようという主張は、責任ある立場とは思えません。

◆日本は目の前のドラゴンの脅威を見よ

村野　戦略には優先順位をつけなければならないし、脅威に直面している当事者はより真剣に努力をしなければならないという考え方については、多くの人びとが共感するところでしょう。一部の欧州諸国は、ウクライナへの軍事支援を出し渋っている理由として、しばしば「自国を守る能力を温存しておく必要があるから」と言います。

しかし、そもそも欧州の軍事備蓄というのは、かつてはソ連、冷戦後はロシアの軍事的脅威に備えるために蓄えてきたわけですから、いまがそのときではないかと思います。それに、率直に言って、欧州諸国が台湾有事において軍事面でどれだけ直接的な貢献をしてくれるかを考えても、米国が戦力を温存しなければならないという議論とは同列には語れません。

ただその一方で、現実問題として米国がウクライナ支援を止めれば、ウクライナがますます劣勢に追いやられるであろうことも明らかです。欧州は重い腰を上げ始めましたが、欧州の防衛産業基盤がそれを拡大し、砲弾や軍需品、装甲車両などを十分に送れるようになるには少なくとも1年以上かかるでしょう。その間にウクライナが抵抗を続けられなくなっていてもおかしくはない。

このような現実を踏まえ、ウクライナ戦争は今後どう展開すると考えますか。あるいは、ウクライナ戦争はどうなるべきでしょうか。その結果は、中国や北朝鮮を含むほかの現状変更国にどのように影響するでしょうか。

コルビー　多くの問題があります。私が言いたいのは、日本は自国の安全保障に注力する必要があり、すべてを相互に結びつけて考える必要はないということです。欧州や中東は自分中心ですが、アジア諸国は自分たちが必要なことだけを考えているように見えません。

ウクライナの状況は非常に困難で悲劇的です。ウクライナ人は、邪悪なロシアの侵略に対する正当な自衛戦争を戦っています。

しかし、日本や台湾だって危険にさらされている。ロシアを凌駕する資源と能力をもつ14億人の国の、信じられないほど直接的な脅威に直面しているのです。

皆さんは、遠くでクマに襲われている人のことを心配していますが、自分の目の前にいるドラゴンを無視するべきではありません。日本の人びとには、目の前の危険がどれほど大きいかをわかってもらいたい。

第1に、中国による台湾への攻撃は、彼らが実際に準備していることであり、十分ありうることです。その際には日本が巻き込まれる可能性は非常に高い。

第2に、中国の野心には日本も含まれています。中国は西太平洋地域を支配するための軍拡を行なっています。バイデン政権で国防次官補（インド太平洋安全保障担当）を務めたイーライ・ラトナーが述べたように、中国の目標は西太平洋から米国を追い出すことです。だからこそ、私は目の前にいるドラゴンを心配したほうがいいと助言するのです。

もちろん、ウクライナの人びとには同情しています。しかし、日本の皆さんにも差し迫った危険があるのです。もし日本人がそのことに注意を払わず、地球の裏側のことを心配しているのだとしたら、日本政府の本気度に疑問を抱かざるを得なくなります。米国の直接介入を必要とする、巨大な脅威に直面しているわけですから。

現実的なアプローチや優先順位づけが必要だという主張を真剣に受け止めてこなかった結果、我々は間違った選択をしています。人びとはバイデン大統領や米国卓越主義者が言うように「我々はあらゆることができる」「すべてを管理できる」「ロシアを倒せる」「イランも倒せる」という言説に耳を傾けています。

いや、まったくそうではない。現にウクライナでの戦争は上手くいっていないですよね。これは欧州が準備不足であった結果です。

私は5、6年前から、欧州諸国に対して、こうした事態に備える必要があると警告し続けてきました。しかし、彼らはその警告を無視したため、残念ながら非常に深刻な危機に陥ってしまっています。

台湾も、現在よりもはるかに多くの防衛努力が必要だという警告を十分受け入れていないように見えます。日本政府は防衛費の増額に向けていくつかの取り組みを行なっていますが、まだ十分ではありません。

我々は非常に誤った選択をしているのです。私が懸念しているのは、日本での議論が「権威主義に（侵略は誤った決断であるという）教訓を与えることがすべてであり、それぞれはつながっている」という、ある種のリベラル国際主義的な考えに引きずられすぎているように見えることです。

しかし、その議論は世界が実際にどう回っているかという実態を見誤っています。中国政府が現実主義的な政府かどうかはさておき、彼らがとにかく軍事バランスを注視していることは間違いありません。米国、台湾、日本が何にどう備えているかを見ているのです。

この点、我々は十分な備えができていません。だからこそ、彼らに教訓を与えておけば、という幼稚園児のような議論は止めるべきです。世界は幼稚園の園庭ではないのです。

◆日本は貴重な兵器を外国に手放している

村野　ご指摘のとおり、日本政府は2022年末に3つの戦略文書を改訂し、コルビーさんはそう見なしていないと思いますが、防衛費を「大幅」に増額させることを決定しました（2027年までにGDP比2％の水準を達成）。加えて、自衛隊がこれまで保有してこなかった長距離打撃能力の取得も進めています。

また2023年末、日本政府は防衛装備移転に関する運用指針を見直しました。その一環として、ライセンス生産品のライセンス元への輸出が可能となり、日本国内で生産したペトリオットを米国に輸出できるようになりました。

日本政府はこれがウクライナで直接使用されることは認めていませんが、代わりに米国内で備蓄していたペトリオットをウクライナに送ることで、日本は間接的にウクライナの防空能力強化を支援することができるようになります。この決定は、日米同盟の専門家コミュニティでは基本的に歓迎されています。

しかし、1つ気になることもあります。現在、各種ミサイルや無人航空機などの拡散が進んだことで、防空システムの需要は世界中で高まっています。ウクライナやポーランドなどの東欧諸国、イスラエルやサウジアラビアなどの中東諸国、そして韓国、台湾、ほかならぬ日本を含んだアジアの国々です。

つまり、防空システムの世界的な需要が高まっていることは、潜在的な市場が広がっているということと同時に、限られた防衛生産能力をめぐって競合が生じているということでもあります。

ペトリオットについて言えば、需要の増加と米国への輸出が可能になることで、国内生産基盤を拡大させる動機づけとなることが望まれます。しかし、一度戦争が始まれば、日本国内の防衛生産基盤は中国の優先攻撃目標になるでしょう。

また、島国である日本や台湾は、有事になれば、ウクライナのように地上を経由して安定した補給を得られる保証はなく、平時にどれだけの備蓄ができるかがより重要です。古くなった装備や消費期限が近い弾薬であれば、国外に輸出してもいいという議論もあります。

しかし、相手の物量に対抗するためには旧式の装備・弾薬であっても構わず投入しなければならなくなることは、まさにウクライナで証明されています。

日本は、現時点で中国や北朝鮮と戦争しているわけではありませんから、いま脅威に直面しているウクライナへの支援を優先するという考え方には一理ある。そうした考え方ができる装備品もあるでしょう。

しかし、日本を取り巻く脅威環境からすれば、ミサイル防衛能力はいくらあっても十分ということはありません。実際、先の戦略三文書において、統合ミサイル防空能力の質的・量的増強は、防衛力強化にあたっての優先事項の1つに挙げられているわけです。我々には、危機に備えるための時間的・物理的余裕があるわけでない、ということを念頭におくべきだと思います。

コルビー　ペトリオットに関する決定は、日本の本気度に深い疑問を抱かせるものです。日本列島は、中国の大量のミサイル攻撃によって数週間、窒息状態にされる可能性があります。これを踏まえるならば、防空は不可欠です。ウクライナで明らかなように、決して完璧な防空はできませんが、それでも極めて重要です。

もしある国が、今後数年のうちに超大国と戦争になる可能性について考えるとしたら、効果的な防衛に最も必要かつ、世界的に希少なアセットを手放すでしょうか。これはリアリズムの根本的な欠如に見えてならない。

たしかに、日本は防空システムを増やそうとはしています。それでも、必要な水準を著しく下回っていることには変わりありません。

そんなときに、貴重なアセットを手放すことほど無謀なことはない。ご指摘のとおり、中国は防空システムを生産している工場そのもの、あるいはその貯蔵施設を攻撃対象にしたり、サプライチェーンを妨害したりしようとする可能性が高いでしょう。

サミュエル・パパロ米インド太平洋軍司令官が証言したように、(台湾危機の目安として議論される）「２０２７年」は習近平が人民解放軍に指示した強制的な能力開発の目安にすぎず、近いうちに何かやろうとする可能性も考えられる。もちろん、何もしない可能性もあります。

しかし2年や3年、あるいは4年後に台湾有事が起きる場合、日本の人びとは明日にでも可能な限り多くの迎撃ミサイルを必要とすることになります。この間に十分な数を生産できるということはあり得ず、いまあるものを大切に使う必要があります。

日本が迎撃ミサイルを米国に譲り、米国がそのほかの能力をウクライナに提供するのは、やはり事態の危険性と何が必要とされているかという点で、真剣さが足りないと思わざるを得ない。

台湾と日本の将来はウクライナで決まるわけではありません。西太平洋の第一列島線の軍事バランスと、台湾、日本、米国の覚悟を中国がどう認識するかによって決まるのです。彼らの認識は、第一列島線の内側で我々がどれだけ強いか、国民がどれだけ激しく戦う意思があるかによって決まります。

必要な兵器を誰かに供与してしまうということは、結果的に、日本の防衛や米軍基地の防衛に使うはずであった兵器を手放すということであり、日米が軍事的に弱くなるということと同じです。これは戦争がより起こりやすくなるということにつながりかねません。

◆台湾有事への備えはまだまだ足りない

村野　さまざまなトレードオフの問題について議論してきましたが、そのなかでもミサイル防衛はコルビーさんが日本でも出版された書籍のタイトルにもなっている「拒否戦略」に不可欠な要素の1つです。

では、ほかの要素についてはどうでしょう。たとえば、日本は長距離打撃能力の取得を始めていますし、米国も通常弾頭型の中距離ミサイルの開発を進めています。他方で、会計年度2025年に予定されているヴァージニア級攻撃型原子力潜水艦の建造数は1隻だけだと言われています。攻撃原潜は、拒否戦略に非常に重要な要素となるはずで、非常に心もとない気がします。

コルビー　全体として以前よりは良くなっているとは思います。しかし、現在の自分と過去の自分とを比較することに大して意味はありません。比較対象は脅威である必要があります。

その点で言えば、物事は上手くいっていません。ご指摘のように、攻撃原潜の建造ペースは我々が望んでいるものに比べて非常に遅い。専門家の間では、攻撃原潜は年間2隻以上建造されることが望まれていますが、実際に建造されているのは約1・3隻だけです。

いま、この規模を拡大しようという努力がなされていますが、その一部は（AUKUS《オーカス》の枠組みを通じて）豪州に引き渡されることになっています。これではあまり意味がない。攻撃原潜は台湾シナリオで、最も重要なアセットだからです。

LRASMやそのほかの重要な弾薬の生産ペースも、複数年度調達によって多少改善されつつあるものの、十分早いとは言い難い。すべての希望が失われたわけではありませんが、これらの努力による改善は非常にわずかなのです。

我々は本当に劣勢に立たされ、絶望的な状況に近づいています。だからこそ、自分たちの立場の危うさと脆弱性をきちんと理解し、然るべき場所に、少なくとも防空システムのような重要な兵器を適切なシナリオのために確保しておくことが極めて重要なのです。

たとえば、我々は2035年までに多くのB‐21（米空軍が開発中の新型ステルス爆撃機）を配備できるかもしれません。しかし、中国が2035年よりもっと前に準備を整えている可能性だってある。ガンで死んでから5年後に、その治療法が発見されても、本人にとってはあまり意味がない。だからこそ、できるだけ早く準備を整えることが重要なのです。

実際には、努力を始めてもスケジュールどおりにはいかず、我々が望むような戦力にはならないでしょう。私は5年前に通常弾頭型の地上発射型ミサイルを日本に配備すべきと考えていましたが、まだそれには至っていません。我々が理想とする規模には到底追いついていないのです。

繰り返しますが、日本で起きている変化は良いことです。防衛費の増額が約束されたのは歓迎すべきことですし、米国がより日本やフィリピンと協力するようになっている点も良い。しかし、まだ十分ではありません。だからこそ、我々がもつべき心構えは、総力を挙げることだというのです。

◆通常兵器で中国に与えられる打撃は限定的

村野　私も随分前から、米国製か日本製かに限らず、地上発射型ミサイルを配備すべきだと主張し続けてきました。このようなミサイルを配備するには十分な時間がなく、配備は早ければ早いほど良いという点は同感です。

では、台湾有事に備えるための拒否戦略を具体的にどう設計すべきなのか。コルビーさんが主張されている重要な拒否能力の1つにLRASM、地上発射型トマホーク、SM-6などの長距離対艦攻撃能力があります。その議論の延長線上として、「沖合に出てきている艦艇を攻撃するほうが、中国本土を攻撃する場合と比べてエスカレーション・リスクが低い」という考え方がありますよね。

ただし、一つひとつの艦艇を攻撃するとなると、非常に多くのミサイルが必要になります。中国の台湾侵攻作戦を拒否するという観点から言えば、沖合に出てくる艦艇だけでなく、台湾や東シナ海周辺で航空優勢を取ろうとする戦闘機の出撃拠点、つまり中国本土の航空基地や揚陸艦の出撃拠点である港湾を攻撃できれば、拒否作戦を効率的に進められるという考え方もある。

しかし、私が米国の専門家や軍関係者、政策担当者らと議論すると、彼らのなかには「中国本土への攻撃を避けたい」という意見が比較的根強いように感じます。

コルビー　少なくとも、中国本土への攻撃能力なしに、中国との大規模戦争を戦うことを真剣に考えることはできません。これについては私の本のなかでも詳しく述べています。ただその一方で、戦争を無制限に拡大することはできません。したがって、どうすればそれを限定できるかについて、注意深く考える必要があります。

中国と大規模戦争を戦いながら、通常兵器で中国本土を攻撃する気がまったくないというのであれば、根本的に本気度が欠けています。もしそうなら、我々の努力は最初から失敗に終わるでしょう。

つまり、この努力の核心となる拒否能力は、対艦・対空・対地すべての攻撃能力で、それらは台湾や日本にも配備されるべきものです。そうしなければ、中国の揚陸能力、航空能力、兵站などに「聖域」を与えることになってしまいます。

それと、日本では、通常兵器であっても中国に犠牲を強いることで、彼らの計算に重大な影響を与えることができるというように、反撃能力をカウンターバリュー（対価値攻撃）的に見る傾向が一部にありますが、これは正しくない。

基本的に、中国本土への通常兵器による攻撃は、とくに拒否戦略を考えるうえでは、中国の方針を変えるには不十分なものだと捉えるべきだと思います。これはウクライナでも、あるいは北朝鮮や北ベトナムに対する空爆作戦でも経験したことですが、通常兵器による攻撃は、大戦略の文脈のなかでは相手の戦意にさほど影響を与えることができていません。

日本は、通常弾頭を搭載したミサイルで、中国の航空基地や指揮所を攻撃することはできるでしょう。しかし、迎撃される場合もあるだろうし、外れることもある。それに命中したとしても大した損害にならない場合もあるし、損害を与えられたとしてもすぐ修復されてしまうかもしれません。

要するに、通常兵器で与えられる損害は非常に限られているわけです。それを北京のような都市部に撃ち込むことは良い考えではない。北京は基本的には手出しすべきではない聖域と捉えるべきです。通常兵器では、エスカレーション・ラダーの最上段まで影響を及ぼすことは難しい。彼らを無駄に怒らせるだけで、意思決定には影響を与えられないでしょう。

日本にとっての最善策は、通常兵器による拒否に集中することです。すべてのC4ISR（指揮、統制、通信、コンピュータ、情報、監視、偵察）アーキテクチャを日米間で統合し、情報を共有し、リソースを蓄えることで、不必要な冗長性を最小限に抑えることが重要です。

もちろん、作戦上の損失を考慮すると、ある程度の冗長性は必要ですが、それでも無駄はなくす必要があります。日本の通常攻撃能力は、艦艇や航空機、そして潜在的には中国本土の航空基地や乗船地点などの出撃拠点を攻撃できるよう米軍と連携させるべきです。ただし、これは日本、米国、台湾が一緒に戦う際、直接関係する能力だけを攻撃対象とする、という限られた文脈においてです。

我々は中国の三峡ダム、ひいては北京や上海などの主要都市を攻撃するつもりもありません。狙うべきなのは、戦闘に直接関係する中国の軍事能力だけです。これが反撃能力の考え方だと思います。

◆日米韓の連携を過大視するべきではない

村野　最後に、韓国に期待することについて聞かせてください。バイデン政権では、アジア政策における重要な成果の1つとして、日米韓三カ国協力の前進をつねに強調していました。

しかし、この三カ国協力は基本的には朝鮮半島有事、すなわち北朝鮮にどう対処するかを主眼としたものです。対北抑止は非常に重要な論点ですが、日米の対中戦略という文脈のなかで韓国の役割をどう位置づけるべきでしょう。とくに台湾有事において、日米韓が潜在的に協力する余地はあるでしょうか。

コルビー　日米韓協力の前進は少し強調されすぎている傾向があります。別にそれに価値がないと思っているわけではありませんが、我々が最も必要としているところに、きちんと価値を与えていないように思います。

すなわち、現在の日米韓協力は、軍事バランスよりも目に見える政治的な成果に焦点を当てています。それに村野さんがおっしゃったように、その多くが北朝鮮を想定したものです。

では、中国に対する軍事バランスを改善するために日米韓は何をやっているのか。そのエビデンスは、あまり見当たらない。

弾道ミサイル対処のためのデータ交換で協力があることは理解していますが、2023年8月のキャンプデービッド・サミットは、日韓の政治的和解を目的とした会談であるようにしか見えませんでした。もちろん、米国は日韓の政治的和解を望んでいます。しかし、政治的資本が限られているなかでは、こうした政策は韓国でも日本でもさほど支持されていないのではないでしょうか。

限られた政治的資本を投じるべきは、どのように日本の防衛費をさらに増やし、台湾シナリオに集中するにはどうするかといった問題で、日本が韓国とどれだけ上手くやっていけるかについては、私はあまり心配していません。

というのも、台湾有事において、韓国の物的支援はほとんどあてにならないからです。貢献があったとしても非常にわずかなものでしょう。

米軍には、北朝鮮と戦争しながら台湾有事に備える余裕はありません。ですから、韓国は北朝鮮に対する通常防衛の責任を負う必要があります。これは極めて大きな変化です。

しかし韓国との対話のなかで、このことがどれだけ議論されているのでしょうか。日米韓で素敵な集合写真を撮っているのは目にしますが、私からすればそれは政治的資本の無駄遣いに見える。

それに、こうした日米韓あるいは多国間の協力が強まっていることをことさらに見せつけることは、中国に対する封じ込めが強まっているという警戒感を強めるでしょう。大々的な宣伝は避けて、第一列島線沿いと三八度線沿いで韓国の軍事態勢を強化することにもっと力を注ぐべきです。

バイデン政権のアジア政策について言えば、もし今後6年間に戦争が起こらなければ、それは良い政策だったと言えるでしょう。戦争や危機を心配する必要がないのであれば、バイデン政権の政策は政治的関係の構築、ネットワークづくり、長期的な経済制裁などを目的としているという点で結果的に評価されるかもしれません。

しかしもし戦争が起きれば、バイデン政権のアジア政策は壊滅的な評価になるでしょう。乏しい軍事的リソースをほかの地域に投入してしまっているからです。それらは再利用できません。米国民が本当は使いたくない金を、世界のほかの地域に費やしてしまっているのです。

そしてアジアの同盟国も、戦争に備えるよりも目に見えるものに集中してしまっている。もちろん、良いことも進んではいます。しかし繰り返し言うように、軍事バランスとは関係ないことに政治的資本を費やしていることが、戦争の可能性を高めてしまっているという事実に目を向けるべきです。

第6章

台湾有事、最も危険なシナリオ

マイケル・ベックリー
Michael Beckley
×
村野 将

米タフツ大学准教授。1982年生まれ。近年、米外交専門誌などで「中国の台頭の終わり」を論じ、衰退時の危険性を指摘。曽祖父母が日本出身。アメリカン・エンタープライズ公共政策研究所客員研究員も務める。著書に『デンジャー・ゾーン』(共著、飛鳥新社)。

◆中国は「ピークを迎える国家」

村野　日本で台湾問題に対する関心が高まっている理由の1つに、インド太平洋軍司令官をはじめとする米国の軍・情報機関の高官が「2027年」といった具体的な時期を示して、その危機感を露わにしていることが影響しているように思います。

そこで最初に議論したいのは、台湾を巡る危機リスクの時間軸についてです。国際関係論ではいわゆる「パワー・トランジション（力の移行）」を巡る議論の1つとして、国家が冒険主義的な行動に出るのは力に自信をつけているときか、それとも自信を失いつつあるときかという議論がなされてきました。

これに関して、ベックリーさんはハル・ブランズさん（ジョンズ・ホプキンス大学教授）との共著『デンジャー・ゾーン』のなかで、中国の力はすでにピークに差し掛かりつつあり、その力が弱くなる時期こそが危険だという分析をしていますね。

ベックリー　誤解のないよう最初に言っておくと、私たちは中国が現時点で衰退していると考えているわけではありません。私たちは国家を3つに類型しています。すなわち「台頭する国家」「衰退する国家」、そして「ピークを迎える国家」です。

ピークを迎える国家というのは、その成長が止まっているわけでも、急速に衰退し始めているわけでもないが、伸び代の限界が見え始めている状態の国です。歴史的に見て、こうした大国は軍事力への投資を増やしたり侵略を行なおうとしたりする傾向が強い。私たちが危惧しているのは、中国もそうなるのではないかということです。

また、経済的に停滞し始めても、軍事的にはまだ伸び続ける可能性もあります。私は、今後中国は経済的に米国に後れを取り始めると思っていますが、だからこそ非常に危険な時期にあるとも考えている。

なぜなら、数十年にわたる急成長を経て、その能力と野心を膨れ上がらせており、すでに軍事力が強化されているからです。中国の国力と威信を高めるためには、いつまでも経済成長をあてにするべきではないという事情もあります。

研究を通じて私たちが気づいたのは、台頭する国家が平和的傾向であるのは、今後も台頭が可能であるという確信があること、つまり時間が過ぎるのを待っていればいまよりも良い未来が訪れるはずだという余裕があるときです。

衰退する国家もまた平和的傾向があります。そうした国家は外国との関わりを増やせず、むしろコミットメントを減らす必要がある。崩壊期の大英帝国は、基本的にすべての大国と和平を結ぼうとしていました。

しかし、この中間に位置するピークを迎えようとしている国家は、最も危険な傾向があります。

◆台湾への着上陸侵攻に備えよ

村野 そうした点から、中国には台湾を含めて冒険主義的な行動を取りうるリスクがあるわけですよね。

軍事情報分析の観点から言えば、習近平にはいつまでに台湾を統一しなければならないといった具体的なカレンダーがあるわけではなく、その動機を左右するのは能力でしょう。台湾攻略は、習近平にとって失敗の許されない決断であり、能力が十分に整っていない状態で迂闊《うかつ》に台湾に手を出す賭けに出るとは考えにくい。

ただ一概に能力と言っても、中国にとって必要な能力とセオリー・オブ・ビクトリー（勝利の方程式）は、彼らが想定しているシナリオによっても変わります。

そこで次に考えたいのは、台湾を巡る危機シナリオについてです。

たとえば、封鎖による強制、サイバー攻撃、電磁波攻撃、対宇宙攻撃などと各種ミサイルを組み合わせた奇襲、特殊作戦による台湾指導部への強襲、そして本格的な大規模着上陸など、さまざまなことが考えられますね。ベックリーさんは、2017年に『インターナショナル・セキュリティ』誌に書かれた論文で、これらの作戦は中国にとってどれも一筋縄ではいかないと指摘されました。

しかし、その後も中国の軍事力は伸び続けていますし、米国はアジアだけではなく、ウクライナや中東など多正面事態に本格的に対応せざるを得なくなり、リソースの制約がより深刻になっています。

このような情勢を踏まえて、何か評価は変わったでしょうか。そして、最も警戒すべきシナリオはどのようなものだとお考えでしょうか。

ベックリー　まず、防御側としては可能性の大小に関係なく、すべてのシナリオに備える必要があります。

そのうえで言えば、着上陸作戦よりも封鎖の可能性のほうが高いように思います。着上陸侵攻は人民解放軍にとって非常にリスクがある作戦であり、沖縄の米軍基地を攻撃して航空優勢を確保し、開戦初期の段階で米国を介入させないようにする必要もあるでしょう。その意味で、中国にとって封鎖による強制は、より簡単でリスクの少ないオプションに見える可能性はあります。

ただ一方で、着上陸侵攻が台湾を実際に支配することを確実にする、唯一の決定的な方法であることも事実です。歴史的に、封鎖だけで国家に主権を放棄させることができた事例を私は知りません。台湾人の意思が特段弱い可能性もあるかもしれませんが、私はそうは思いません。ですから、米国や台湾にとって優先すべきは、やはり着上陸侵攻への備えということになります。

中国があらゆる種類のミサイルの備蓄とランチャーを大幅に増やしたことで、沖縄とグアムの米軍、そして台湾の軍は奇襲攻撃に対して極めて脆弱になっています。それにもかかわらず、我々はより強靭な態勢をとるための措置を講じていません。

もう1つの注目すべき大きな変化は、中国が保有する軍艦の数が急速に増えてきていることです。私が最初に論文を書いたころは、軍民共用のフェリーなど、中国が本当に必要な数の部隊を台湾に輸送できるだけの水陸両用能力をもっているのかどうか、明らかではありませんでした。

しかしいまは、そうした能力を獲得しているように見える。つまり、大量のミサイルとランチャーによって、米軍と台湾軍が極めて脆弱な状態に置かれ続けていること、さらに台湾海峡を越えて多くの部隊を輸送する水陸両用能力という強力な組み合わせが生まれてきています。これは大きな変化であり、台湾海峡における軍事バランスは以前より懸念されます。

◆中国人民解放軍とロシア軍の大きな違い

村野　中国が台湾本土を戦略爆撃する可能性についてはどのように考えていますか。

ベックリー　その可能性は低いでしょう。封鎖や侵攻ほど政治的な利益にはならないからです。中国は明らかに、最終的には台湾を忠実な人民と理想的で豊かな経済をもつ1つの省として再統一したいと考えています。

ただし本当に心配なのは、ウクライナ戦争のように戦争が長期化する可能性があるということです。村野さんが指摘されたように、中国はこの戦争で敗北するわけにはいきません。

だとすれば、中国は台湾の早期統一に一度失敗したあとに、戦争が長期化するなかで戦略爆撃を行なう可能性はある。プーチンがウクライナの都市で行なったような大規模なもので、ただミサイルを撃ち込み、ものを破壊し、人びとを殺すというものです。

自分のものにならないのならば、誰のものにもならないよう破壊する。習近平が同じような計算をするのではないかと心配しています。

村野　興味深いポイントです。私は潜在的な台湾での危機と、現在も依然として進行中のウクライナ戦争との類似点や相違点を考えるとき、ロシアが行なっている長距離ミサイル攻撃や砲爆撃の意義に注目しています。

ロシアはウクライナの社会インフラを攻撃するさまざまなオプションをもっているわけですが、一時は冬季の大規模空爆を前に、長距離ミサイルの生産・備蓄を行なっている段階のように見えました。電力インフラなどのエネルギー施設を効率的に攻撃し、ウクライナの市民生活を締め上げるためです。

ただ、一定の備蓄期間が必要であるということは、長距離ミサイルの生産能力に限りがあることをも意味する。

２０１９年まで米露間で締結されていたＩＮＦ条約（中距離核戦力全廃条約）では、射程５００〜５５００㎞の地上発射型ミサイルの生産・配備が禁止されていました。ＩＮＦ条約は、ロシアが密かにこれに違反する巡航ミサイルを開発・配備していたことで破棄されるわけですが、結果的に十分な数の長距離ミサイルを揃えることはできませんでした。

ウクライナ空軍は現在も生き残り、戦闘で非常に重要な役割を果たしていますが、ロシアが戦争の初期段階でウクライナの航空基地を無力化することに失敗したのは、ウクライナ軍の分散だけではなく、国境付近から発射できる地上発射型長距離ミサイルの数に制約があったことも関係しているのではないでしょうか。実際、ロシアの長距離ミサイル攻撃の大半は、主に航空機か艦艇によるもので大規模ではありません。

一方、中国はいかなる軍備管理約束にも縛られず、この種の地上発射型弾道ミサイルや巡航ミサイル、さらには極超音速兵器などを大量に保有し、現在でも増勢を続けています。これはロシア軍と人民解放軍との大きな違いと言えます。

ベックリー　非常に重要なお話ですね。一部には「中国はウクライナでロシアが大失敗しているのを教訓として台湾侵攻を諦めるのではないか」と言う人がいます。侵攻が非常に難しいのは事実でしょうが、対応策はいろいろある。

1つはいま、村野さんが指摘された点です。ロシアのウクライナ侵攻作戦ではいくつもの躓《つまず》きがありました。ウクライナの攻勢部隊や航空戦力を一掃しなかったし、それには飽和攻撃を行なえるだけの弾薬をもっていなかったことも関係しているでしょう。

しかし中国には、台湾の基地を直接狙えるミサイルが1000発以上あるわけです。しかも海峡を挟んで100マイルしか離れていないので、ロケットランチャー（長距離砲）でも台湾の基地や港湾、滑走路をすべて破壊できます。中国はロシアがウクライナではできなかった方法で、戦争の初期段階で台湾の攻撃能力の大部分を一掃できるのです。

中国がロシアから学ぶ教訓があるとしたら、戦争の初期段階から大規模かつ残忍な作戦に出るべきということであり、台湾だけでなく、沖縄の米軍基地をも徹底的に攻撃することになるはずです。

◆台湾の人びとに「戦う意思」はあるか

村野　現在、日本の防衛力整備計画は継戦能力の強化に力を入れています。従来の防衛力整備ではあまり注力されてきませんでしたが、現在の計画では弾薬や燃料備蓄などを増強することが重視されています。

無論、こうした備蓄施設などの増設には政治的な困難があることも予想されますが、少なくとも予算的な問題が以前よりも改善されているのは前向きに評価できます。

不当に仕掛けられた戦争で争い続けるには、軍事的な側面だけではなく、政治や国民の意思も重要です。ウクライナ戦争で、世界の人びとにとって驚きだったことの1つは、ウクライナの人びとの継戦意思です。当初は政治指導部を含め、ウクライナがロシアに対してここまで抵抗を続けられると信じていた人はそれほど多くなかったでしょう。

もちろん、政治指導者や国民の継戦意思は、現実問題として相手とどれだけ有効に戦い続けられるかという軍事的な継戦能力と密接に関わるため、ウクライナの継戦意思を支えているものの1つに、欧米の軍事的後方支援があることは間違いありません。

では、台湾を巡る戦争の場合はどうか。いわゆる「ショート・シャープ・ウォー」と呼ばれる短期決戦よりも、長期戦のほうが我々にとって有利との見方がありますが、これにはいくつかの前提条件があります。

1つは中国に対して抵抗を続けるという台湾の政治的意思が折れないこと。もう1つは、彼らが軍事的に戦い続けられることです。後者については、有事の際に台湾に対する軍事的な補給を日米がどれだけ続けられるかという問題があります。

ベックリー　台湾の政治的意思をどう評価するかは非常に難しいところです。世論調査では、いくつも対照的な結果が出ています。多くの台湾人が戦うことを熱望しているようには思えないし、自分たちに勝てる見込みがあると思っているようにも見えない。

しかし、戦前の世論調査の多くは、一度戦争が始まれば吹き飛んでしまうものであることも事実です。自分が兵士になるなど考えたこともなかった人びとが、侵略者や封鎖に抵抗する意思を固めるようになる事例は過去にたくさんあります。

それに、中国が沖縄の米軍基地を攻撃して戦争を始めれば、多くの米国人は中国に対して間違いなく厳しい対応を求めるでしょう。政治的意思は見極めるのが難しいですが、歴史的な経緯を踏まえると、開戦後数カ月の台湾の継戦意思がどうなるかが重要になるでしょう。これについて私は、慎重ではありますが楽観視しています。

◆開戦初期の「デンジャー・ゾーン」

ベックリー　ご指摘のとおり、政治的な継戦能力と軍事的な継戦能力は相互に支え合う要素なので、とくに開戦から最初の数日間がどうなるかが鍵になります。

もし中国が何らかの方法で台湾の攻勢能力の大半、つまり航空戦力だけでなく侵攻阻止に必要な地上部隊の陣地を一掃すれば、中国側は台湾側が戦わずに降伏するのではないかと期待しています。

また、台湾は島であり、中国はそれを封鎖する意思と能力を示していますから、補給はウクライナよりはるかに難しくなるでしょう。もし、ウクライナが西側諸国からの大量の援助や武器を受け取れていなかったら、彼らは戦いを続けられたでしょうか。私は無理だったと思います。台湾への補給ができなければ、抵抗しようとする台湾の政治的な士気を下げてしまうでしょう。

なお、弾薬備蓄の観点から言えば、戦争が長期化すればするほど、巨大な産業基盤と製造能力をもつ中国のほうがむしろ有利になる可能性を私は心配しています。少なくとも戦争が始まって数カ月は、米国側が対艦ミサイルの備蓄を補充するよりも、中国側は多くの弾薬を供給できるはずです。これは極めて懸念されています。

もし、戦争が何年も続くようなことになれば、過去にも見られたように、米国がその巨大な経済的優位性を利用して再び「民主主義の工廠《こうしょう》」となる可能性があります。

しかし、最初の3カ月と、米国が製造業の基盤を再稼働させるのに要する1、2年という時間軸の間に、ある種の「デンジャー・ゾーン」があるのです。この間に我々が総崩れしてしまえば、多くのことが変わってしまいます。

つまり、米国の長期的優位性が本格化する前に、中国が自らの優位性を活かそうとする中間の時期が最も危険だと言えます。

これは平時であれば比較的簡単に解決できる問題のはずです。莫大な投資を行ない、新しい兵器を開発する必要はない。たんに、より多くの弾薬やミサイル、ランチャーを生産するだけで、中国の侵攻や封鎖を打破することができるわけです。

このように解決可能な問題であるはずなのに、台湾にも米国にもその緊急性が感じられない。CSISの報告書をご存じの方も多いと思いますが、米国は高い烈度の戦闘になれば数週間で主要な弾薬を使い果たしてしまいます。これはショッキングなことです。

村野　そのとおりですね。政治的意思に付け加えて言えば、日本では安倍晋三元首相の「台湾有事は日本有事」という発言に象徴されるように、多くの政治指導者が台湾防衛を日本の安全保障に直結する問題として考えるようになっています。これは日本が台湾を守るためにリスクを取るということを意味しています。

私はそうすべきだと思いますが、一般の日本人がこのリスクをどの程度認識しているのかは自信がない。もちろん、台湾の重要性は抽象的には理解されてはいます。

しかし、台湾防衛に向かう米軍の作戦を自衛隊が支援しようとすれば、中国はあらゆる手段を使って妨害するでしょう。場合によっては核恫喝を行なう可能性すらある。

こうしたリスクを減らすための努力はなされていますが、リスクをなくせるわけではありません。こうしたリスクを引き受けてでも、台湾を守ることが日本の国益に資するのだということを、日本政府は国民に対して明確に説明すべきだと思います。これは現在の日本の公共政策に欠けている点です。

◆トランプは台湾を見捨てる?

村野　最後に、台湾防衛を可能にするために、あるいは中国が誤った自信を抱かないようにするために、日米そして台湾にはどのような努力が必要でしょうか。

ベックリー　軍事的にやるべきことは、長らく多くの人が提言してきたことを進めることだと思います。つまり、台湾の「ヤマアラシ化戦略」です。

対艦・対空ミサイル、地雷、ロケットランチャー、榴弾砲を備蓄し、中国が大量の部隊を集結させようとした場合には、それらをあらゆる種類の精密誘導兵器が狙い撃ちできるようにし、台湾へ侵攻したり、封鎖を開始したりできなくすることです。

同時に、台湾が民間防衛を大幅に強化することも重要で、食糧や燃料、医薬品などの備蓄を増やす必要があります。台湾は何カ月、あるいは何年も世界から完全に孤立する可能性があるわけですが、こうした備えがあれば、中国の封鎖は現実味が薄れる。ただし、急に準備することは難しく、平時から多くの備えを進めることが肝心です。

基本的には米国にも同じことが言えます。弾薬を大量に備蓄し、東アジアにおける米国の基地構造を多様化し、強化する。実際、米国はそうした方向に進んでいると思います。米国はフィリピンで新たな作戦基盤を構築しようとしており、そこで海兵隊が島々を転々とする訓練を行なうようになっています。

米国と日本は、いずも型護衛艦をF-35用のミニ空母のようなものに変えつつあります。これらは台湾海峡付近で、我々の攻撃能力を分散させることを念頭においたもので、いずれも必要な取り組みです。

さらに、紛争が長期化した場合に備えて、米国が弾薬面で中国を凌駕できるよう自国内の防衛産業を大々的に支援することが必要でしょう。これらは基本的かつ、すでによく知られていることではあります。

要するに本当に重要なのは、これらのやるべきことを実現するために必要な政治的意思をどう醸成するかということです。

日米台の国民が議論し合い、政治指導者らが一貫した形で紛争の利害関係や直面している現在の脆弱性を訴えることは重要です。

しかしそれだけでなく、いま抱えている脆弱性は、努力すれば修正可能なのだということを示すことも重要です。

それには特別難しいことも、防衛費の劇的な増額も必要ない。ただ、既存の備蓄品や既存の兵器システムを大量生産し、基本的な民間防衛の準備をするだけでいい。穴を放置することとの危険性とともに、穴は塞ぐことができるという実現可能性を人びとに納得させられれば、政治的意思は自然と生まれてくるはずです。

しかし、そうした役割を担えるのは各国の大統領や首相だけです。代わりはいません。私のような大学教授は顔が真っ赤になるまで、これらの重要性を叫ぶことはできますが、トップの指導者が国民と明確なコミュニケーションを取らない限り、実現することはできません。

民主的な選挙がこの問題を難しくしているのは、民主的な政治家たちがそうしたやりとりをしたがらない可能性があるからです。国内政策に水を差したり、国民に増税やその他の苦難を背負わせたりしようとすれば、厳しい選挙戦で票を失う可能性がある。

真の難しさはここにあります。日米台の政治指導者には集団的な努力が必要です。

村野　米国の2024年大統領選挙では、ドナルド・トランプ氏が勝利しました。この結果は国際秩序、米中関係、台湾政策にどう影響するでしょう。

ベックリー　今後の趨勢を大変懸念しています。

私は2020年の『フォーリン・アフェアーズ』誌に「ならずものの大国（Rogue

Superpower)」という論考を書いたことがあります。それは、米国が基本的に自国の安全保障に集中し、他国とは取引ベースで協力するという、より伝統的な大戦略に戻ってしまうのではないかという心配があったからです。

トランプ・ドクトリン、そしてトランプ氏の再来は、日本や台湾にとって非常に不安な要因であることに違いありません。

今後、自国の指導者たちが、今日議論したような潜在的な紛争シナリオに備えて、それを未然に防ごうとすることの重要性を各国国民の間で共有するのが難しくなる。米国内の分裂は、米国だけでなく、同盟にとって大きな弱点の1つと言えます。

終章

日本の安全保障政策をアップデートせよ

「1980年代以来初めて、他の超大国――かつてはソ連、現在は中国――との大規模戦争は現実のものとなった。さらに悪いことに、我々はその戦争に負ける可能性もある。我々はこの破滅的な結果に陥るのを回避するために、緊急に行動すべきである」

（アンドリュー・クレピネビッチ&エルブリッジ・A・コルビー）

本章では、これまで各章を通じて議論してきた日米が直面する安全保障課題を念頭に、2025―2028年という時間軸のなかで、日米が取り組むべき政策と具体的な行動につながる提言をまとめる。

◆GDP比3%水準への防衛費の増額

日本政府は2022年末の戦略三文書とともに、2027年度までに防衛費をGDP比2%水準まで増額することを決定している。それ以前の我が国の防衛費水準が、長らくGDP1%（あるいは1%すら下回る）水準で推移してきたことを踏まえれば、2%

水準への増額が大きな政治的決断であったのは事実だ。

しかし、安全保障には相手がいる。将来の危機や紛争を抑止できるかどうか、そして抑止に失敗してしまった場合にどれだけ損害を減らすことができるかを左右するのは、第5章でコルビーが指摘するように、「過去の自分と比べてどれだけ努力したか」ではなく、「将来の相手と比べてどれだけ努力したか」である。

この点、現在の防衛力整備計画は深刻な課題に直面している。それは円安の影響によって、日本の購買力が低下し、装備品を取得する際のコストが割高になってしまっているということである。

2022年末に日本政府が現行の防衛力整備計画を策定した際には、2023年度予算を1ドル＝137円と計算していたが、2024年度以降の4年間については、直近5年間の平均をとり1ドル＝108円という楽観的な仮定がなされていた。しかし、2024年12月時点での円ドル為替は、1ドル＝155円前後であり、想定から大幅な円安が進んでいる。

円安の影響は、米国のFMS（Foreign Military Sales：海外軍事援助）を通じて取得する装備品の価格だけでなく、国産装備品の開発・建造にかかる資材価格など幅広い。

たとえば、航空自衛隊の主力戦闘機であるF－35Aは、1号機の取得時には116億円であったのに対して、2024年度には140億円と1・2倍となっている。日本の統合防空ミサイル防衛の要となるイージスシステム搭載艦の取得費用は、2020年度には1隻約2400億円と見積もられていたが、2025年時点では約3920億円と1・63倍にまで膨れ上がっている。同様に、たいげい型潜水艦の取得費用は2022年に1番艦が就役した際には約705億円であったのに対し、2024年度には約950億円と1・35倍の費用がかかるようになっている。

このまま円安が継続すると仮定した場合、たとえ2027年度に防衛費がGDP2％水準に達したとしても、2022年の防衛力整備計画で想定されていた防衛力は実現できない。

この現実を可視化するため、日本政府は、現在想定される為替レートで2％水準を達成した場合の防衛力と、2022年末の防衛力整備計画に基づいて本来構築されるべき購買力ベースの防衛力との間に生じるギャップを明らかにし、それをもって政治指導者と国民を説得するべきである。

こうした円安の影響と日本を取り巻く安全保障環境の厳しさに鑑みれば、第2期トランプ政権がどのような要求をしてくるかにかかわらず、日本がGDP比3％水準の防衛費をめざすことは、決して突拍子もないものではなく、むしろ当然の結論と言えるだろう。

◆日米の規格を相互に承認連携した兵站管理ツールの開発・採用

台湾有事・朝鮮半島有事という日米が直面しうる高烈度の紛争において、運用上の需要に対して備蓄が枯渇する可能性がとくに高い装備品が、ペトリオットに代表される各種防空ミサイルと、トマホークやLRASMなどの各種長距離精密誘導兵器であることはすでに述べた。したがって、ここでの第一義的な趣旨は「各種防空ミサイルおよび長距離精密誘導兵器の取得・備蓄を加速・拡充せよ」という意味だとも言える。

実際、2022年の日本の「国家防衛戦略」および「防衛力整備計画」においても、自衛隊の「持続性・強靱性（いわゆる継戦能力）」については、防衛力の抜本的強化にあたっての重視事項の1つに位置付けられている。

具体的には、2027年度までに各種弾薬・誘導弾（ミサイル）の数量を増加させ、保管に必要な火薬庫等を確保し、概ね10年後（2032年度前後）までには弾薬・誘導弾の適正在庫を維持・確保するとともに、弾薬所要に見合った火薬庫などをさらに確保するとの目標が示されている。

これらの数値目標は、特定の有事シナリオにおける防衛力の重大な不備・不足を明らかにする科学的な手法（能力評価）によって算出されていると考えられるが、これはある時点（有事）までに備蓄しておくべきとされる静的な所要にすぎない。

ウクライナでの状況を見ても明らかなように、実際に有事が発生して各種ミサイルが消費されていくと、戦闘局面の推移に応じて不足しているミサイルを他のどの国が備蓄しているのか、新規生産が必要な場合には、どの工場で増産を行ない、どの基地・部隊に、何発の弾薬をいつまでに届ければよいのか、といった動的な所要をニア・リアルタイムで把握する必要が生じる。

2024年6月に発足した日米防衛産業協力・取得・維持整備定期協議（DICAS）は、日米間での防衛装備品の共同開発・生産を促進する枠組みであり、ミサイルの共同生産、米軍艦船の日本における整備、米軍航空機の日本での整備、サプライチェーンの強靱化に関する各作業部会が組織されている。これは基本的には前向きな取り組みであるが、日本政府や防衛産業への要求は、主として米国側からの運用需要に基づいており、米国側の兵站・サプライチェーン事情については断片的にしか伝えられていない。より踏み込んだ言い方をすれば、現状は米国がどのミサイルをどこで、何発使用（提供）するかを独断で決定したのちに、日本を含む同盟国がその不足分の補塡を求められるという関係性にある。

これまで弾薬等の備蓄量は、各軍の継戦能力に直結する最も高度な軍事機密の1つであるため、同盟国に対しても共有・開示しないのが常識とされてきた。

だが、多正面での紛争リスクが顕在化するなか、各種装備品や弾薬に対する需要が米国一国の供給能力を上回る勢いで急増し、同盟国との兵站・サプライチェーンの共通化が求められている現在において、そのような情報非開示の慣習を続けるのは効率的ではない。

そこで日米は、両国の兵站・サプライチェーンの透明性を高めるため、規格を相互に承認連携した補給・兵站管理ツールを開発すべきである。これにより、両国が有する弾薬や補給品およびそのサプライチェーンの可視化を促し、ACSA（物品役務相互提供協定）を通じて、必要な物資をよりタイムリーに融通できるような体制をめざす。

もっとも、自衛隊と米軍の各軍がまったく同じ兵站管理ツールを短期間で導入することは難しいであろうから、まずは使用する弾薬や補給品に一定程度の共通性をもつ米海軍と海上自衛隊、米空軍と航空自衛隊といった軍種間で、相互運用性のあるツールを採用することを優先すべきであろう。

またいずれかの段階でウクライナ戦争を終結させるとしても、その後ロシアが再侵攻を試みるのを阻止するためには、何らかの形でウクライナに対する軍事支援を継続する必要がある。そのためには、世界各地の潜在的な戦場で発生する運用需要と、米国とその同盟国が供給しうる能力との競合状況をある程度予見可能な形で把握しておくことが望ましい。

したがって、こうした兵站管理ツールは、将来的には日米間だけでなく、NATOをはじめとする他の米国の同盟国とも相互運用性をもたせることを想定して設計されるべきである。

◆効率的かつ大量配備が可能な弾薬・無人システムの開発・取得

台湾有事における中国のセオリー・オブ・ビクトリーを破綻させるためには、人民解放軍の水陸両用部隊に対する集中的な長距離対艦攻撃を成功させられるかどうかが極めて重要になる。

こうした長距離対艦攻撃能力の主力となるのは、米国の場合、空中発射型のLRASMと海洋・地上発射型の対艦攻撃用トマホーク（ブロック5a）であり、日本の場合は、国産の12式地対艦誘導弾能力向上型が概ね似たような役割を果たすと考えられる（地上発射型は2025年度に配備開始、艦艇発射型は2026年度以降、空中発射型は2027年度以降に配備開始を予定）。

しかし、これらの長距離精密誘導兵器はいずれも高額であり、生産ペースが遅いという共通の問題を抱えている。現在の計画では、米軍が2026年までに備蓄しうるLRASMは480発程度しかない。

最新型の対艦攻撃用トマホークは、既存のトマホークに洋上移動目標を追尾するためのシーカーを取り付ける形で生産（改修）が始まっているが、現在の改修ペースは年間30発分程度にとどまっている。それゆえに、同時期に中国が投入しうる各種海上輸送能力を約100隻と見積もっても、これらの長距離対艦ミサイルの備蓄は開戦から数日で枯渇すると考えられている。

現在、米国防省はこの問題を深刻に受け止めており、各種ミサイルの生産規模を拡大させ、取得ペースを速めようとしている。だがそれでも、LRASMの生産リードタイム（取得を決定してから生産、納入までにかかる期間）は約2年、対艦攻撃用トマホークのリードタイムも約1年半とかなり長い。

有事の際にこれらの備蓄が底をついてしまった場合、前線に再供給するまでに年単位の時間がかかるとなれば、その間に日米台の損害は増え続け、人民解放軍の台湾上陸を許してしまいかねない。

しかも先の見積もりは、取得した各種ミサイルを他の地域で使うことなく、台湾有事まで温存できるという楽観的な想定に基づいている。欧州や中東において、これらの長距離対艦ミサイルを大量に消費するような戦闘局面は想定しにくいかもしれないが、対地攻撃用のJASSMと対艦攻撃用のLRASMは生産ラインを共有している。

そのため、JASSMを欧州や中東で消費すれば、その消費分を補塡するためにLRASMの将来生産計画を下方修正せざるを得なくなる可能性もある。

こうしたリスクを考慮して、日米は高価で数が限られる巡航ミサイルだけでなく、既存の技術や備蓄を活用した、低コストかつ迅速な大量生産・配備が可能なオプションを共同で開発・取得することを検討するべきである。

一例としては、米軍が数十万発備蓄しているとされるJDAM（統合直接攻撃弾）に無人機用の小型ジェットエンジンと補助翼を取り付けることで、射程を簡易巡航ミサイル並み（480㎞程度）に延伸するパワードJDAMのようなものが考えられる。

LRASMの価格が1発あたり約320万ドル（約5億5400万円）であるのに対し、

パワードＪＤＡＭ（への改修キット）は1発あたり約20万ドル（約３１５０万円）と、コストを16分の1程度にまで抑えることができる。

また、弾頭重量を減らして射程を１０００㎞以上に延伸したり、対艦攻撃用シーカーを追加したりすることもできる。弾頭を軽量化した結果、一発あたりの攻撃力が低下したとしても、複数種類のミサイルをより多く一斉発射できるようになれば、人民解放軍の艦隊防空能力を飽和させやすくなり、その分貴重なＬＲＡＳＭの攻撃成功率を高めることが期待できる。

同様の効果は、米国防省が進めている「レプリケーター・イニシアティブ」に関する協力を通じても促進することができるだろう。レプリケーター・イニシアティブは、全領域において消耗可能な（使い捨てにできる）自律型無人システムを短期間のうちに大量配備する計画である。

ここで採用されているアルティウス６００のような小型の多目的徘徊型弾薬は、単体の攻撃力は限定的であるものの、フィリピンのルソン島や日本の南西諸島に機動展開した陸上部隊、あるいは無人艦艇から奇襲的かつ大量に発射できれば、台湾周辺に展開しようとする人民解放軍艦艇の火器管制レーダーなどを狙い撃ちしたり、電子妨害を仕掛けたりすることで、その後の本格的な対艦巡航ミサイルによる攻撃を成功しやすくする効果が期待できる。

２０２４年6月に、パパロ米インド太平洋軍司令官が、中国が台湾に侵攻した場合の初期対応として「多数の機密能力を用いて、台湾海峡を無人の地獄絵図（hellscape）にする」と述べたのは、同構想で取得した無人システムをこうした形で運用することを念頭に置いている。

これらのシステムの多くが西太平洋で運用される必要があることを踏まえると、米国防省は日本との間でレプリケーター・イニシアティブに関する情報開示を行ない、その配備オプションについて議論を始めるべきである。

またＤＩＣＡＳは、２０２４年10月に日本で新設された防衛イノベーション科学技術研究所と米国の国防イノベーションユニット（ＤＩＵ）の橋渡しを行ない、これらの組織がレプリケーターに関連する能力の共同生産と将来の共同開発の実施を主導することもできるだろう。

◆米国の地上発射型中距離ミサイルの日本への配備

日本は2022年の「国家防衛戦略」および「防衛力整備計画」に基づいて、12式地対艦誘導弾能力向上型や島嶼防衛用高速滑空弾といった国産ミサイルの開発を進めている。しかし2025年1月時点において、すでに配備可能な状態にある米国の各種地上発射型中距離ミサイル——タイフォン（トマホーク・SM-6用の移動式ミサイルシステム）やLRHWダークイーグル（Long Range Hypersonic Weapon：2025年にも配備可能とされる射程2800㎞の極超音速滑空ミサイル）——を日本に配備するか否かについては、少なくとも公式には議論されていない。

第1章で述べたように、人民解放軍は2030年までに中国本土から1400㎞以内であれば4500カ所、3200㎞以内であっても850カ所の目標を2回繰り返し攻撃できるほどの圧倒的な戦域打撃能力を保有すると考えられる。

この想定を踏まえると、台湾有事の初期段階においては、嘉手納や普天間、那覇といった沖縄の主要な航空基地に加えて、築城《ついき》（福岡）や新田原《にゅうたばる》（宮崎）などの九州の航空基地も猛烈な攻撃を受けて一時的に使用不能となる可能性が高い。

また、中国本土から相対的に遠い岩国（山口）や三沢（青森）といった本州の航空基地、さらにはグアムおよびグアム以西の海域に展開しうる空母や強襲揚陸艦でさえも相当の脅威に晒される恐れがある。

ＬＲＡＳＭやＪＡＳＳＭの発射プラットフォームとなる爆撃機や戦闘機は、たとえ近傍の出撃拠点が破壊されたとしても、空中給油機によって航続距離を伸ばすことでより遠方から作戦を行なうことは可能だ（その場合の出撃拠点としては、ハワイや豪州北部のティンダルが考えられる）。

しかしその場合でも、作戦テンポが遅れることは避けられない。搭載するすべてのミサイルを撃ち尽くしたあとに再び前線での攻撃に加わるためには、損害の少ない基地に着陸してミサイルの再搭載を行ない、再出撃するという運用をせざるを得ない（各航空機1機あたりのＬＲＡＳＭ最大搭載数は、Ｂ-1爆撃機で24発、Ｆ／Ａ-18Ｅ／Ｆで4発）。

またイージス艦は、航空機に比べて一度に多くのミサイルを搭載できるものの、ＳＭ

―3やSM―6などの防空ミサイルも併せて搭載しなければならないことを踏まえると、1隻あたりに搭載しうるトマホークは20～30発程度にとどまると考えられる。しかも、ミサイルを再装填するには原則基地に戻らなければならないという点は、航空機と変わらない（米海軍は、艦艇の垂直発射管にミサイルを洋上で再装填する方法を複数検討しているが、現時点では技術実証段階である）。

こうした運用条件を踏まえると、日米のスタンド・オフ・ミサイルは、空中発射型や艦艇発射型だけでなく、地上発射型の配備を並行して進めていく必要がある。この点、日本の12式地対艦誘導弾能力向上型は、発射オプションを多様化するなかでも、地上発射型の開発・生産を先行していることは適切と言える。

◆日本本土への極超音速滑空ミサイルの配備

しかし、一刻も早く中国とのストライクギャップ（打撃力の格差）を埋めるという観点からすれば、これらのミサイルの配備開始時期は早ければ早いほどよい。したがって、日米は米国の地上発射型中距離ミサイルを日本国内に配備するためのオプションについて議論を始めるべきである。

たとえば、米陸軍のタイフォンについてはすでに配備が可能な状態にあり、2024年4月には米比合同演習「サラクニブ」の一環としてルソン島北部への一時的な展開が行なわれている（バシー海峡を通過しようとする人民解放軍艦艇を牽制したり、台湾および中国本土を直接打撃できる位置にある）。

このように、いますぐ恒久的な配備予定地を決めることはなくとも、日米合同演習を通じた機動展開訓練を実施することはできるはずだ。

米陸軍が開発中のLRHWについても、2025年には配備開始が予定されており、類似した性能を有すると見られる日本の島嶼防衛用高速滑空弾能力向上型（ブロック2A/B）の開発・配備スケジュール（ブロック2Aは2027年度以降、ブロック2Bは2030年度以降を予定）に先行する。

2800㎞近い射程を有するLRHWであれば、政治問題化しがちな南西諸島に配備する必然性はない。むしろ、九州や本州、北海道などに位置する陸上自衛隊の演習場に分散配備することを想定して、弾薬庫や支援施設の建設を検討するほうが有効であろう。

潜在的な目標となりうる中国の軍事施設・重要拠点5万カ所のうち、その約70％は沿岸から400km以内に集中しているため、LRHWのような極超音速滑空ミサイルであれば、九州や本州、北海道に配備した場合であっても、中国沿岸の航空基地を15分以内に打撃することができる。

日米の極超音速滑空ミサイルによる共同攻撃により、一部の航空基地を数時間から数日使用不能にできれば、中国側にもより遠方からの作戦を強いることで、日米の航空戦力が東シナ海から台湾周辺における航空優勢を取り戻すための余裕をつくり出すことが可能だ。

なお、米国が開発している地上発射型中距離ミサイルは、いずれもすべて通常弾頭ミサイルであり、核弾頭の搭載は計画されていない。

しかし、中国や北朝鮮が保有するほぼすべてのミサイルが核・非核両用であることを踏まえると、彼らのミサイルそのものを直接攻撃しない場合であっても、その関連システム等を攻撃対象とする場合には、自ずと核エスカレーションのリスクが生じる。

つまり、たとえ通常戦力による攻撃作戦であるとしても、日米間の緊密かつシームレスなエスカレーション管理が必要不可欠となる。核使用に伴う米軍の作戦は、インド太平洋軍などの戦闘軍司令部ではなく、戦略軍がその指揮権をもつとともに主要な計画立案を行なっており、その細部に関与するハードルは著しく高い。

しかし、日本のスタンド・オフ能力と米国が有する非核の打撃力との一体化を進めていくことで、日本はエスカレーション管理を主体的に行なう責任と権利をもつと同時に、米国の核作戦計画に関与していく段階的な足がかりを得ることが期待できる。これは核・非核両用の航空機（Dual Capable Aircraft：DCA）とB61核爆弾に基づくNATO型の核共有メカニズムを安易に模倣するよりも、日米が互いに求め合う時代的・能力的要請に即している。

逆に、米国が中距離ミサイルを用いた作戦計画に日本が関与することを拒むようなことがあれば、日本は国民に対する説明責任の観点からも、配備受け入れを拒否することを躊躇《ちゅうちょ》すべきではないだろう。

◆グアムを中心とした戦略原潜の哨戒・寄港の拡大

日本の拡大抑止政策に関して、能力・態勢面における最も大きな課題は、戦域核戦力が不足している点にある。1万kmを超える射程をもつSLBM・トライデントD5を搭載する戦略原潜は、たとえ米国の西海岸付近に展開していたとしても、30分以内に中国や北朝鮮の目標を攻撃することが可能となっている。

このため、米国の戦略コミュニティでは「戦略原潜の哨戒海域は、軍事的な抑止効果を考えるうえでさほど重要ではない」との主張が聞かれることもある。

しかしながら、戦略原潜がある程度の頻度で西太平洋に展開していることを目に見える形で示すことは、中国・北朝鮮が限定的な核使用を試みようとする誘惑への抑止力となるだけでなく、日本国民に対しても安心をもたらす効果が期待できる。

また、拡大抑止の信頼性を考えるうえで重要なのは、米国による核報復の信頼性だけではない。

もともと懲罰的抑止は、報復の信頼性をベースに相手の行動を思いとどまらせようとする抑止モデルである。このため日本が核兵器で攻撃された場合に、米国が確実に報復する意思と能力を明示することは、抑止の信頼性を高めるうえで極めて重要であることは言うまでもない。

一方で、核報復は抑止が失敗して核攻撃が行なわれてしまった場合の損害限定にはまったく意味をなさない。これは二国間の基本抑止構造よりも、同盟国を含む拡大抑止構造においてより深刻な問題となる。

拡大抑止が失敗したあとに報復を行なうか否かという問題は、米国が各国に差しかけている拡大抑止の信頼性回復、あるいはさらなるエスカレーションの防止という観点からの問題にはなっても、その時点ですでに同盟国が壊滅的被害を受けているという事実を帳消しにはできないからである。とくに、日本のように戦略的縦深性に乏しく、人口や政治経済基盤が都市部に集中する国への核攻撃は国家の存亡に関わる。

これを踏まえると、米国の拡大抑止の信頼性は、「日本が核攻撃された〝あとに〟何をしてくれるのか」という報復の実効性だけではなく、「日本が核攻撃される〝前に〟

何をしてくれるのか（何をしてほしいのか）」という第一撃阻止と追加的な損害限定の実効性の観点も考慮されなければならない。

たとえば、すでに通常兵器による相当の応酬が行なわれ、我が方のミサイル防衛能力にも多大な損耗が生じているなかで、相手がさらなるエスカレーションに踏み切ろうとしている状況、さらには最悪のシナリオとして、我が国に対する核攻撃が行なわれてしまっているような状況においては、日米はあらゆる能力を駆使して、さらなる損害を限定することに注力しなければならない。

その場合、展開済みの移動式核ミサイルのような時間的制約のある目標に対しても、迅速なカウンターフォース攻撃を実行しうる能力が求められる。こうした極限状況を想定するとき、グアム周辺海域に前方展開した戦略原潜からトライデントD5を発射すれば、中国・北朝鮮の潜在的目標を13～15分程度で撃破することができる。現時点において、トライデントD5よりも優れた即応性、生存性、防空システムに対する突破力、広域制圧能力を保障しうるシステムは存在しない。

将来的に無人システムや量子技術などの発展によって、中国の対潜水艦戦（ASW）

能力が飛躍的に向上する可能性がないわけではない。

しかしながら、米国の戦略原潜を探知、追尾し、確実な攻撃を加えるまでの一連の流れを考えると、核・非核のあらゆる攻撃からの生存性という観点では、地上の移動式システム、航空機、水上艦艇等と比べて、潜水艦の優位性は当面維持される可能性が高い。こうした観点から、拡大抑止の信頼性を考えるうえでは、潜水艦配備型システムに最も重点を置くべきである。

一方で、中国や北朝鮮の戦域打撃能力が向上している状況に鑑みれば、貴重な戦略原潜を日本に寄港させるのは、政治的な抑止・安心供与にもたらすメリットに比べて、軍事的なデメリットが少なくない。潜航した潜水艦の探知は極めて困難だが、戦略原潜が停泊しているタイミングは中国・北朝鮮からすれば絶好の攻撃機会となり、危機が高まっている状態ではかえって相手の先制攻撃を助長する恐れがある。

また前方への寄港は、中国や北朝鮮のみならず、ロシアの潜水艦や哨戒機などの情報収集の機会になりかねない。このため、日本や韓国への戦略原潜の寄港は、平時においては可能であっても、有事において実施される可能性は低い。こうした抑止効果と脆弱性とのバランスを考慮すると、戦略原潜の運用は、グアム周辺での寄港・哨戒にとどめるのが最適だろう。

◆日本周辺における戦略爆撃機の空中哨戒の拡充

中国や北朝鮮の戦域打撃能力は、米国の戦略爆撃機やＤＣＡの前方展開にもリスクをもたらす。Ｂ–２やＦ–35のようなステルス機は、潜航した原潜と同様に一度離陸すると探知・迎撃が困難になるため、中国や北朝鮮がこれらを確実に無力化することを考えた場合、地上に駐機しているところを弾道ミサイルで瞬時に撃破するのが得策となる。

このことから、在日米軍基地やグアムへの爆撃機やＤＣＡの着陸を伴う前方展開は、危機が高まっている状態ではかえって相手の先制攻撃を助長する可能性を考慮しなければならない。

また、日本から出撃したＦ–35が中国・北朝鮮上空に侵入してＢ61核爆弾を投下するまで、あるいは日本周辺を飛行するＢ–52から発射された亜音速の核巡航ミサイルが目

米空軍のB-52戦略爆撃機（先頭）と共同訓練を行なう空自F-2戦闘機部隊（左側）。右奥は米空軍のF-16戦闘機（2020年2月4日、写真提供：朝雲新聞/時事通信フォト）

標に着弾するまでにはいずれも1時間以上かかる。そのため、いままさに発射態勢に入ろうとしている移動式核ミサイルのような時間的制約のある軍事目標への攻撃（抑止）手段としては役に立たない。

つまり、戦略爆撃機またはDCAの前方展開は、戦略原潜の寄港と同様に、平時にのみ実施可能な安心供与のための政治的象徴にはなりうるとしても、実効性のある抑止力の発揮が求められる危機や有事においては軍事的有効性に乏しい。

したがって、DCAの前方展開やそれをベースとするNATO型の核共有は、日米の拡大抑止を強化するうえで好ましいオプションとは言い難い。

これらの脆弱性リスクを相対的に緩和しつつ、抑止と安心供与のためのシグナリングを両立させうるオプションは、戦略爆撃機を在日米軍基地に着陸させるのではなく、日本周辺での空中哨戒頻度を高めることであろう。この点に関連して、日米は航空自衛隊の空中給油機を用いて、米国の戦略爆撃機に対する空中給油訓練を開始すべきである。

このような活動は、（1）爆撃機の空中哨戒時間を延長することより、その脆弱性を低減する、（2）中国・北朝鮮に対して、日米の集団的決意を示す、（3）米国が核作戦や核アセットの運用に関連する情報を日本と共有することを促進する、という点において一石三鳥の効果を期待できるだろう。

◆海洋発射型核巡航ミサイルの開発支持と配備促進

現在のインド太平洋地域では、第1期トランプ政権が導入した低出力SLBM（トライデントD5とW76-2核弾頭の組み合わせ）が事実上の戦域核戦力として重要な抑止力を提供している。

しかし、低出力ＳＬＢＭの配備数は極めて少ない。また、バイデン政権には「低出力ＳＬＢＭは弾道ミサイルであるがゆえに、相手から戦略核攻撃と誤認されかねない」といった根強い反対論もあった。

実際には、武装解除を目的とする一斉核攻撃と、限定核使用に反撃することを目的とした単発のＳＬＢＭ発射では、相手の早期警戒能力に捉えられる兆候が異なるため、戦略核攻撃と低出力ＳＬＢＭによる攻撃とが誤認される可能性は必ずしも高いわけではない。ただ、米国の政権内でそうしたリスクを深刻に捉える声が将来再び表面化する可能性があるとすれば、限定核使用を抑止するために、弾道ミサイルとは異なる非脆弱な低出力核オプションを用意しておく必要がある。

しかし先に述べたとおり、爆撃機やＤＣＡは、比較的柔軟に目に見える形での抑止力を示すことはできるものの、弾道ミサイルと比べて速度が遅いうえ、同じ空域に長時間とどまることはできない。

また、緊張が高まった状況において、これらの航空機を韓国や日本の航空基地に着陸させようとすれば、中国や北朝鮮が集中的に強化している中距離ミサイルの格好の標的となる。仮に、冷戦期に西ドイツに配備されていたような、地上発射型の中距離核ミサイルを開発・配備しようとする場合には、捕捉しづらい移動式核ミサイルを確実に撃破するために、相手の核ミサイルによる先制攻撃を誘発するリスクもある。

したがって、新たな戦域核オプションには、（1）数が限られる戦略原潜よりも高い柔軟性があり、（2）航空機よりも長時間同じエリアにとどまることができ、（3）攻撃に対して生存性が高く、（4）高度な防空システムに対する高い突破力と、（5）洋上移動目標への対応能力をもち、（6）低出力核弾頭を搭載しうる、といった要件が求められる。

これらの多くを満たす第1の戦域核オプションは、海洋発射型核巡航ミサイル（SLCM-N）である。バイデン政権は2022年の「核態勢見直し」でこの計画を一度中止したものの、その後の核をめぐる安全保障環境の悪化を受け、2024年に同計画を再開した。日本政府は、第2期トランプ政権においても、SLCM-Nの開発と配備計画の加速を強く支持するべきである。

◆非核三原則「持ち込ませず」の議論を決着させよ

ただし、SLCM－Nの実戦配備は2030年代までずれ込む可能性が高い。米国議会は、国防省に対して「遅くとも2034年までに初期運用能力を獲得すること」を指示しているものの、米国の新たな核関連プログラムが計画どおり進むことは稀であり、ほとんどの場合遅延が生じるからである。

SLCM－N配備が当面実現しないと仮定すると、戦域核抑止力を強化するための、より迅速な配備オプションを検討する必要がある。

考えうる代案の1つは、潜水艦発射型の中距離核即時打撃システム（Intermediate Range-Nuclear Prompt Strike：IR－NPS）の開発・配備である。現在、米海軍は通常弾頭型の極超音速滑空体（C－HGB）を搭載した射程約2800kmの即時打撃システム（Intermediate Range-Conventional Prompt Strike：IR－CPS）の開発を進めており、2028年にはヴァージニア級攻撃原潜への搭載が計画されている。

そこで、米国（とくに、米海軍および核弾頭の開発・管理を行なう国立研究所）に対し、ＩＲ‐ＣＰＳ用に開発されているロケットモーターに、既存もしくは開発中の核弾頭を改修して搭載するための技術実証を行なうよう働きかけることが考えられる。

ＩＲ‐ＣＰＳは、米陸軍が２０２５年にも配備を開始するＬＲＨＷと設計の大部分を共有しており、ロケットモーターなどの主要構成品はすでに完成している。配備を早めることを優先するのであれば、初期段階ではＨＧＢに核弾頭を搭載する必要はなく、たんにロケットモーターに伝統的な設計の核弾頭を組み合わせて、潜水艦発射型中距離弾道ミサイル（Submarine Launched Intermediate Range Ballistic Missile：ＳＬＩＲＢＭ）として運用することが考えられる。

そのうえで、極超音速滑空技術が成熟した際には、ＨＧＢに核弾頭を統合する段階的アップグレードを行なうことで、将来中国やロシアが先進的な弾道ミサイル防衛を開発・配備した場合にも、それを突破しうる軌道変更可能な戦域核オプションを維持することができる。

なお、これらの新たな戦域核ミサイルのプラットフォームとなる可能性が高いヴァージニア級攻撃原潜は、現在でも補給や乗組員の休養などを目的として、横須賀に定期的に寄港している。将来、ヴァージニア級攻撃原潜が核・非核両用の任務を帯びた際、非核三原則を理由に日本への寄港が難しくなれば、これまでにも西太平洋で行なってきた通常任務を妨げ、潜水艦の抑止力を著しく低下させることになりかねない。

したがって、非核三原則のうち「持ち込ませず」に関する議論は、米国がSLCM-N（もしくはそれに相当する代替手段）の実戦配備を開始する2030年ごろまでに、政治的に決着させておく必要があるだろう。

◆米国の本土防衛能力の強化

米国の拡大抑止に対するコミットメントが信頼性の高いものであり続けるためには、戦略原潜や戦略爆撃機といった核運搬手段の運用のあり方もさることながら、米国自身が相対的に安全であることも重要である。

これまで米国の本土防衛能力は、少数のICBMを用いた限定的な攻撃による脅しを阻止することを目的として構築されてきた（ロシアや中国からの大量のＩＣＢＭ攻撃を防ぐことは想定されておらず、そうした攻撃は核報復＝核抑止によって未然に防止するとしてきた）。

その結果、現在アラスカ州フォート・グリーリーとカリフォルニア州ヴァンデンバーグ基地に、Ground Based Interceptor（ＧＢＩ）／Ground Midcourse Defense（ＧＭＤ）と呼ばれる本土防衛用ミッドコース迎撃システムが44基配備されている。

もっとも、ＧＢＩは80％以上の迎撃成功実績を誇るＳＭ‐３に比べ迎撃成功率が低く、実験における成功率は56％にとどまっている。この実績を踏まえると、現状米国が単発のＩＣＢＭ攻撃に対処しうるのは11回から22回程度であり、これを超える限定的な攻撃が散発的に行なわれた場合、米国本土の迎撃ミサイルは底をつき、物理的に無防備になってしまう。

現在米ミサイル防衛局は、ＧＢＩに代わる次世代本土防衛用迎撃ミサイル（Next Generation Interceptor：ＮＧＩ）を開発中であり、２０３０年までに20基のＮＧＩを追加配備（もしくは配備済みのＧＢＩをすべてＮＧＩで更新）して、計64基の米国本土用ミサイル防衛を構成する計画を進めている。

しかしながら、北朝鮮がＩＣＢＭおよびその移動発射台の量産を続けていることや、金正恩が複数個別誘導再突入体（ＭＩＲＶ）の開発を進めるとも言及していることに鑑みれば、北朝鮮が米国に向けて投射できる核弾頭の数は当面増加傾向が続くと考える必要がある。

また今日、米国本土に対して限定的な攻撃を行ないうる手段は、核弾頭を搭載したＩＣＢＭだけではなくなっている。

たとえば、ロシアや中国が開発しているとされるＩＣＢＭとＨＧＶを組み合わせた事実上の部分軌道爆撃システム（ＦＯＢＳ）は、大量のＩＣＢＭによる大規模核攻撃を伴わない形で、本土ミサイル防衛を迂回しつつ米国に限定的な攻撃を仕掛けるという、これまでにない段階的エスカレーションの一手段となりうる。

これらを踏まえると、現在計画されている米国の本土防衛態勢は、中国やロシア、北朝鮮が仕掛ける可能性のある限定的な脅しに対して、十分な対処能力を有しているとは言いきれない。

日本は、米国が本土防衛能力のさらなる強化に取り組むことを要請、支持するべきである。この点につき、日本は、現在進められている衛星コンステレーション（複数の人工衛星を連携させて一体的に運用するシステム）を通じた早期警戒・追跡に関する分野に加えて、日米が共同開発するＧＰＩ（Glide Phase Interceptor：滑空段階迎撃用誘導弾）を米国本土防衛用にも発展させることを検討できるだろう。

◆日米拡大抑止協議のハイレベル化・多層化

これまで日米の拡大抑止に関する制度枠組みでは、核兵器の使用に関する最終的な決定権は米国大統領一人に任されてきた。

しかしながら、核兵器の使用はそれが敵の核攻撃に対する報復的なものであったとしても、極めて重大な政治的決断であることには変わりない。実際には国防長官や統合参謀本部議長、戦略軍司令官、国務長官、国家安全保障担当大統領補佐官といった自国の主要閣僚・高官に加えて、紛争当事国や紛争当事国以外の同盟国に意見を求めることも考えられる。

この点、2024年12月に策定された「日米政府間の拡大抑止に関するガイドライン」では、同盟調整メカニズム——より具体的には、外交・防衛当局の局長級らで構成される同盟調整グループと、自衛隊と米軍の幹部が参加する共同運用調整所——を通じて、平時から有事までのあらゆる段階で、米国の核使用に関する日本の考え方を伝達できるようなった。これは大きな前進と言えるだろう。

だが、こうした場を活かすには、日本の政治指導者が核兵器の運用に関する正確な情報をもち、その使用をいかに決断するかという思考プロセスをあらかじめ整理しておくことが欠かせない。米国に拡大抑止の信頼性強化を求めることは、いざというときに日本の政治指導者が米国大統領とともに、核兵器の使用に伴う歴史的・道義的責任を共有する覚悟が求められるということでもあるからだ。

2024年7月には、日米2プラス2と並行して、拡大抑止に関する初の閣僚級会合が行なわれたが、たった20分の閣僚会合では、政治指導者に必要な決断力を養うには不十分である。

こうしたことからも、現職の総理大臣と主要閣僚は、核兵器の使用という困難な決断を伴う思考実験を定期的に行なっておくことが望ましい。

たとえばオバマ政権では、ロシアによるバルト諸国への侵攻をきっかけとする限定核使用シナリオを題材とした机上演習が行なわれたが、同演習は現職の長官級・次官級スタッフの参加を得て実施されている。

また、ＮＡＴＯの核計画グループ（Nuclear Planning Group：ＮＰＧ）では、加盟国の国防大臣を代表とする閣僚級グループに加えて、閣僚級グループにおける実質的なアジェンダを議論、支援するスタッフグループや、各国の局長級代表と専門家から構成される上級諮問機関としてのハイレベルグループなど、参加者のレベルと議論のスコープに応じた多層的な協議枠組みが設けられている。

これらの例を参考に、日米拡大抑止協議はよりハイレベルかつ多層的なコミットメントを得る形にアップデートされるべきである。

具体的には、現在年2回実施されている局次長級協議を日米拡大抑止スタッフレベルグループとして残しつつ、閣僚級グループ会合を定期的に開催し、米国の国務・国防長官と日本の外務・防衛大臣が参加する核使用を想定した机上演習を年1回実施する。これにより、自衛隊を含むあらゆる政府組織が米国の核作戦を支援するための政治的承認を与えることが重要である。

さらに、今後日米が直面しうる拡大抑止に関わる中長期的な課題の特定や多様な危機シナリオの作成、然るべき対外発信（戦略的コミュニケーション）のあり方などを支援することを目的として、スタッフレベルグループに日米両国の専門家を加えたトラック1・5の諮問機関＝拡大抑止委員会（Extended Deterrence Commission：ＥＤＣ）を設置することも考えられよう。

◆米軍の核作戦で自衛隊はいかなる役割を担うのか

日米が直面する可能性のある有事においては、「核の影」の下での通常戦争をいかに抑止し、抑止に失敗した場合には、エスカレーションを管理しながら、いかに望ましい形で戦争を終結させるかという難しい課題に対処することが求められる。

台湾有事や朝鮮半島有事における日米共同作戦計画は、グレーゾーン対応から、日本の反撃能力を使用した共同対処、さらには米国の核使用に至るまでをシームレスに結びつける形で策定される必要がある。この点については、拡大抑止に関するガイドラインと、日米防衛ガイドラインに基づく共同計画策定作業との統合が進んでいくことが期待される。

こうした日米共同作戦計画の策定にあたっては、自衛隊の統合作戦司令部はもとより、在日・在韓米軍、インド太平洋軍、戦略軍などの各統合司令部と緊密に連携した実働・机上演習を繰り返し、実戦上の課題をつねに点検・共有することが求められる。

これまで日米に欠けていたのは、米軍が核作戦を実施する際に、自衛隊がどのような役割・任務を担うのかという議論である。以前から日米間では、北朝鮮のミサイル発射などが行なわれたあとに、米軍の戦略爆撃機と航空自衛隊の戦闘機とが共同飛行訓練を実施することが定例化していた。

しかし、こうした共同訓練は、米軍の戦略爆撃機が核攻撃を行なう際の手続きやターゲティング（標的の選定や攻撃の優先順位付け）の調整を伴っているわけではなく、実際の核作戦計画とは連動していない。

　これに対しＮＡＴＯでは、核兵器の運用を前提とした共同演習「ステッドファスト・ヌーン」の一環として、ＳＮＯＷＣＡＴ（Support of Nuclear Operations With Conventional Air Tactics）と称する空中戦術訓練が行なわれている。ＳＮＯＷＣＡＴは、核共有の対象国ではないポーランドやチェコなどの戦闘機が周辺空域の安全を確保するといった形で、核共有国の核作戦を支援することを目的としており、結果として核共有していない国々も、共同作戦に必要な情報や計画を一定程度共有できるようになっている。

　日米間でも、米軍の戦略爆撃機や戦略原潜が前方展開するタイミングなどを機会として、日本の通常戦力と米国の核戦力を連携させることを想定した議論を具体化するべきである。その一例としては、先に挙げた米軍の戦略爆撃機に対する自衛隊機による空中給油などが考えられよう。

◆同盟国が一体となった統合演習の実施

かつて米国では、単一統合作戦計画（Single Integrated Operational Plan：ＳＩＯＰ）と呼ばれるグローバルな核戦争計画が策定されていた。その後、冷戦終結によって全面核戦争の可能性が薄れると、２００３年にＳＩＯＰは廃止され、米国の抑止戦略は地域毎に最適化された（tailored）アプローチと個別の作戦計画（ＯＰＬＡＮ）に取って代わられた。

しかし、リソースの制約が深刻化しているなかで、中国とロシアという二大核大国に同時対処することを強いられるリスクに鑑みると、台湾や朝鮮半島、欧州、中東といった個別のＯＰＬＡＮを、各地域の同盟国と別々に計画、演練するだけでは必ずしも十分ではない。

仮に、ロシアが攻撃範囲をＮＡＴＯ加盟国に拡大したり、限定的核使用に踏み切ったりするようなことがあった場合、米国がエスカレーション回避のために通常戦力での反撃を選択すれば、トマホークやＪＡＳＳＭなどの長距離精密誘導兵器を大量に消費することが予想される。

その数年後に、兵器の弾薬備蓄が十分に補充されないまま台湾有事や朝鮮半島有事が発生した場合には、長距離精密誘導兵器と防空ミサイルの備蓄が枯渇し、むしろ米国側が戦争の早い段階で核兵器の使用を決断するか否かを強いられる事態も考えられる。

このような複雑な課題に対処するためには、危機や戦争が多正面で同時もしくは連続して発生することを想定して、日本・韓国・台湾・ＮＡＴＯなど米国の同盟国が一体となったグローバルな単一統合演習を実施し、それぞれの地域で必要となる武器・弾薬の競合状況や兵站・サプライチェーンの融通を確認することが望ましい（ここでも、先に挙げた日米の兵站管理ツールの連接が有効になる）。

このような取り組みの第一歩として、日米間の協議に加えて、日米韓、日米豪、日ＮＡＴＯ、日米台といった各地域の利害関係者を集めた拡大抑止に関する協議の多角化を図り、地域間の認識ギャップや共同作戦に関する立案・調整のノウハウなどの共有、深化を促進するべきである。

具体的な例としては、日米拡大抑止協議に韓国の専門家を、米韓核協議グループ(Nuclear Consultative Group：ＮＣＧ)に日本の専門家を相互に招待するようなトラック1・5協議を設置することや、ＮＡＴＯのＮＰＧハイレベルグループと日韓の拡大抑止協議参加者との間での交流を定例化することが考えられる。

◆米国の核作戦・計画立案に関する教育の実施

これまで日米間では、米軍が実施する通常戦力を用いた統合作戦に関しては、定期的な日米共同演習に加え、統合軍司令部への連絡官の派遣や各軍大学の指揮幕僚課程などへの留学を通じて、深い知識とノウハウが蓄積されてきた。

一方で、核戦力の運用や計画立案プロセスを理解するための体系的な取り組みは、(拡大抑止協議に関わる実務そのものを除けば)非常に限定的である。

そこで、日本は米戦略軍にスタッフレベルの外務・防衛当局者と自衛官を派遣し、核作戦の計画立案・実行に関する一般的なプロセスについて定期的な教育機会を設けることを打診すべきである（個別の核作戦計画の開示を要求するのではない）。

　このような取り組みは、大統領や首相、閣僚レベルの政治指導者を支援するスタッフが、核使用の可能性に関する決定を迫られるような極限状況において、政治指導者とどのように意思疎通を図るべきかについて意見を交換する貴重な機会になるだろう。

あとがき

「戦略論の教養と軍事的常識というものは、今後、単に、国民の納得する防衛体制をつくり上げるために必要なだけでなく、その大前提たるべき国家戦略をつくるためにも、また、国際政治のあらゆる場面において日本の発言に説得力をつけるためにも必要である」

（岡崎久彦『戦略的思考とは何か』中公新書）

日米の戦略を論じるにあたり、岡崎久彦大使は無視することができない存在である。筆者は岡崎大使から直接教えを乞うことができた最後の世代であり、2014年10月に大使が亡くなるまでの8年間は、なんらかの形でほぼ毎日のように国際情勢分析についてやりとりをする機会に恵まれた。これは筆者にとってかけがえのない財産となっている。

情報の分析や戦略を論じるうえで岡崎大使から教わったことはたくさんあるが、情報分析の仕事を手伝うようになって最初に言われたのが、「あなたは日々のストレートニューズは追わなくていい。それはプロの記者やメディアの仕事だ。僕らの仕事は、専門家が書いた論説や論文を読み込んで、それに対する自分の考えをまとめることだから」ということだった。

たんなる情報（information）ではなく政策判断に資する情報（intelligence）であるためには、そこに何らかの思索が加わっていなければならない。そしてそれらの思索（論説や論文）に対して、その都度自分なりの肯定的意見や批判を加えていくことで、初めていざというときの判断に役立つ材料になる、という趣旨だった。

また大使は、そうした思索の過程は、日本にいながら一流の専門家と日々対話をもつことにほかならないとも仰っていた。

振り返れば、岡崎大使に促されて始めた思索の繰り返しが、筆者にとって米国の戦略コミュニティへの最初の入り口だったように思う。２０１９年６月にハドソン研究所に拠点を移して以降は、ワシントンでそうした議論に直接加わることになったが、やっていることの基本は日本にいたころと変わっていない。

実際、本書の出版に協力してくれた4人の米国人専門家とは、今回の対談で初めて顔を合わせたわけではなかった。我々は（場合によっては直接知り合う以前から）互いの論考をすでに読んでいて、互いがどのような政策課題に取り組んでいるかを知っていた。

そのため、彼らとのやりとりは自然と一問一答のインタビューではなく、インタラクティブな意見交換となった（本書の各対談は、紙幅の関係上1万字前後にとどめているが、実際には倍近い分量の議論を行なっている）。

一方的な質疑応答と双方向の意見交換とでは、議論の深まり方に雲泥《うんでい》の差がある。多くのシンクタンカーや政策実務者とのやりとりで言えることだが、たんに質問をするだけでは、彼らの中ですでに結論に辿り着いた答えしか返ってこない。

しかし、こちらも当事者意識をもって自分の考えをぶつけると、彼らはまだ結論に辿り着いていない生煮えの問いを返してくれることがある。「自分はこういうふうに考えているが、あなたはどう考えているか」。これが、日米が直面している政策課題をどう解決していくかという共同作業の出発点となる。

「まえがき」で書いたように、シンクタンカーは政策実務者そのものではないが、たんなる傍観者でもない。だとすれば、シンクタンカーの役割とはいったい何なのであろうか。

筆者はシンクタンカーの役割の1つは、いまだ発見されていない課題を見つけ出すとともに、新しい常識をつくり、政治指導者や政策実務者がそれらに取り組む際のハードルを下げることにあると考えている。

15年前に「日本は近い将来、トマホークや中国本土まで届く国産の極超音速滑空ミサイルを配備するようになりますよ」と言っても、それをまともに受け取る人はほとんどいなかったはずだ。しかし、いまや日本の反撃能力保有は、至極当たり前のこととして国内外で広く受け入れられている。

これと同様に、つい最近まで日本がGDP2%、まして3%水準の防衛費をめざすことを真剣に考えた人はごく少数であったと思う。また台湾有事において、日米が中国よりも先に核兵器を使うかどうか検討せざるを得ないような極限状況に追いやられる可能性を考えた人は、少なくとも日本の政治指導者や政策実務者にはほとんどいなかっただろう。

だが、いまやこれらは非現実的な想定とは言えなくなってきている。「我々が直面している問題は無数にあり、それらの解決に取り組むのが早ければ早いほど、より安全に暮らせるようになる」というクレピネビッチの言葉を思い出していただきたい。多くの方々にとって、本書が、我々が直面している困難な問題について現実味をもって考えるきっかけとなれば幸いである。

＊

本書は、対談を快諾してくれたアンドリュー、H.R.、ブリッジ、マイクの4名はもとより、多くの方々のお力を借りなければ世に出ることはなかった。第1章、第2章、終章は書き下ろしではあるが、その輪郭は筆者一人ではなく、戦略コミュニティにおける多くの専門家や政策実務者との意見交換によって形づくられたものである。

また、本書の出版を提案してくださったPHP研究所の水島隆介氏と中西史也氏に厚く御礼申し上げたい。両氏の示唆がなければ、戦略コミュニティという閉じられた世界で何が議論されてきたのかを、日本の読者の方々に知ってもらう機会もなかっただろう。

最後に、あえて一人ひとりのお名前を挙げることはしないが、筆者を力強くワシントンに送り出してくれた多くの方々と、筆者を温かく迎え入れてくれたハドソン研究所の同僚たちにこの場を借りて御礼申し上げる。皆様からいただいた機会は、今後も日米両国の安全と繁栄のために活かしていきたい。

村野　将

２０２５年１月

【参考文献】

The White House, National Security Strategy of the United States of America, December 2017.

U.S. Department of Defense, Summary of the 2018 National Defense Strategy of the United States of America, January 2018.

U.S. Department of Defense, 2018 Nuclear Posture Review, February 2018.

The White House, National Security Strategy, October 2022.

U.S. Department of Defense, 2022 National Defense Strategy of the United States of America, October 2022.

U.S. Department of Defense, Nuclear Posture Review, October 2022.

U.S. Department of Defense, Military and Security Developments: Involving The People's Republic of China 2024: Annual Report to Congress, December 2024.

Hal Brands, Evan Braden Montgomery, "One War Is Not Enough: Strategy and Force Planning for Great- Power Competition," *Texas National Security Review*, Vol. 3, Iss. 2 Spring 2020.

The National Defense Strategy Commission, Providing for the Common Defense: The Assessment and Recommendations of the National Defense Strategy Commission, United States Institute of Peace, November 13, 2018.

Report of Commission on the National Defense Strategy, RAND, July 29, 2024.

Ian Easton, *The Chinese Invasion Threat: Taiwan's Defense and American Strategy in Asia*, Eastbridge Books, 2017.

Mark F. Cancian, Matthew Cancian, and Eric Heginbotham, "The First Battle of the Next War: Wargaming a Chinese Invasion of Taiwan," Center for Strategic and International Studies, January 9, 2023.

America's Strategic Posture: The Final Report of the Congressional Commission on the Strategic Posture of the United States, Institute for Defense Analyses, October 2023.

Brad Roberts, *The Case for U.S. Nuclear Weapons in the 21st Century*, Stanford Security Studies, 2015. ブラッド・ロバーツ、村野将監訳『正しい核戦略とは何か　冷戦後アメリカの模索』（勁草書房、２０２２年）

Matthew Kroenig, *Deliberate Nuclear Use in A War Over Taiwan: Scenarios and Considerations for the United States*, Atlantic Council, November 30, 2023.

Elbridge A. Colby and Andrew F. Krepinevich Jr., "Biden's All-Hat National Defense," *National Review*, April 28, 2022.

Andrew F. Krepinevich Jr., "The New Nuclear Age", *Foreign Affairs*, Council on Foreign Relations, May/June 2022.

H.R. McMaster, *Battlegrounds: The Fight to Defend the Free World*, Harper, 2020. Ｈ・Ｒ・マクマスター、村井浩紀訳『戦場としての世界　自由世界を守るための闘い』（日本経済新聞出版、２０

２１年）
Elbridge A. Colby, *The Strategy of Denial: American Defense in an Age of Great Power Conflict*, Yale University Press, September 2021. エルブリッジ・A・コルビー、塚本勝也・押手順一訳『拒否戦略　中国覇権阻止への米国の防衛戦略』（日経ＢＰ 日本経済新聞出版、２０２３年）
Hal Brands, Michael Beckley, *Danger Zone: The Coming Conflict With China*, W W Norton & Co Inc, 2022. ハル・ブランズ、マイケル・ベックリー、奥山真司訳『デンジャー・ゾーン　迫る中国との衝突』（飛鳥新社、２０２３年）
Michael Beckley, "The Emerging Military Balance in East Asia" *International Security*, Fall 2017.

【初出一覧】

第1章：書き下ろし
第2章：書き下ろし
第3章：『Voice』2022年6月号
第4章：『Voice』2023年3月号
第5章：『Voice』2024年5月号
第6章：『Voice』2024年2月号
終　章：書き下ろし

第3章〜第6章の対談は雑誌掲載後、加筆・修正のうえ収録。

PHP新書

PHP INTERFACE
https://www.php.co.jp/

村野 将[むらの・まさし]

米ハドソン研究所上席研究員。1987年生まれ。拓殖大学国際協力学研究科安全保障専攻博士前期課程修了。岡崎研究所や官公庁で戦略情報分析・政策立案業務に従事したのち、2019年6月よりハドソン研究所研究員。24年7月より現職。専門は日米の安全保障政策、核・ミサイル防衛政策、抑止論など。著書(共著)に『新たなミサイル軍拡競争と日本の防衛』(並木書房)、『ウクライナ戦争と米中対立』(幻冬舎新書)、翻訳書に『正しい核戦略とは何か』(ブラッド・ロバーツ著、勁草書房)。

米中戦争を阻止せよ (PHP新書 1422)

トランプの参謀たちの暗闘

二〇二五年二月二十八日 第一版第一刷

著者――村野 将
発行者――永田貴之
発行所――株式会社PHP研究所
東京本部――〒135-8137 江東区豊洲5-6-52
ビジネス・教養出版部 ☎03-3520-9615(編集)
普及部 ☎03-3520-9630(販売)
京都本部――〒601-8411 京都市南区西九条北ノ内町11
組版――有限会社メディアネット
装幀者――芦澤泰偉+明石すみれ
印刷所
製本所――大日本印刷株式会社

ISBN978-4-569-85846-3

ＰＨＰ新書刊行にあたって

「繁栄を通じて平和と幸福を」（PEACE and HAPPINESS through PROSPERITY）の願いのもと、ＰＨＰ研究所が創設されて今年で五十周年を迎えます。その歩みは、日本人が先の戦争を乗り越え、並々ならぬ努力を続けて、今日の繁栄を築き上げてきた軌跡に重なります。

しかし、平和で豊かな生活を手にした現在、多くの日本人は、自分が何のために生きているのか、どのように生きていきたいのかを、見失いつつあるように思われます。そして、その間にも、日本国内や世界のみならず地球規模での大きな変化が日々生起し、解決すべき問題となって私たちのもとに押し寄せてきます。

このような時代に人生の確かな価値を見出し、生きる喜びに満ちあふれた社会を実現するために、いま何が求められているのでしょうか。それは、先達が培ってきた知恵を紡ぎ直すこと、その上で自分たち一人一人がおかれた現実と進むべき未来について丹念に考えていくこと以外にはありません。

その営みは、単なる知識に終わらない深い思索へ、そしてよく生きるための哲学への旅でもあります。弊所が創設五十周年を迎えましたのを機に、ＰＨＰ新書を創刊し、この新たな旅を読者と共に歩んでいきたいと思っています。多くの読者の共感と支援を心よりお願いいたします。

一九九六年十月

ＰＨＰ研究所

PHP新書

［**政治・外交**］

893 語られざる中国の結末　宮家邦彦
898 なぜ中国から離れると日本はうまくいくのか　石　平
920 テレビが伝えない憲法の話　木村草太
931 中国の大問題　丹羽宇一郎
954 哀しき半島国家　韓国の結末　宮家邦彦
967 新・台湾の主張　李　登輝
979 なぜ中国は覇権の妄想をやめられないのか　石　平
988 従属国家論　佐伯啓思
1000 アメリカの戦争責任　竹田恒泰
1024 ヨーロッパから民主主義が消える　川口マーン惠美
1060 イギリス解体、EU崩落、ロシア台頭　岡部　伸
1076 日本人として知っておきたい「世界激変」の行方　中西輝政
1083 なぜローマ法王は世界を動かせるのか　徳安　茂
1122 強硬外交を反省する中国　宮本雄二
1124 チベット　自由への闘い　櫻井よしこ
1135 リベラルの毒に侵された日米の憂鬱　ケント・ギルバート
1137 「官僚とマスコミ」は嘘ばかり　髙橋洋一
1153 日本転覆テロの怖すぎる手口　兵頭二十八
1155 中国人民解放軍　茅原郁生
1157 二〇二五年、日中企業格差　近藤大介
1163 AI監視社会・中国の恐怖　宮崎正弘
1169 韓国壊乱　櫻井よしこ／洪　熒
1180 プーチン幻想　グレンコ・アンドリー
1188 シミュレーション日本降伏　北村　淳
1189 ウイグル人に何が起きているのか　福島香織
1196 イギリスの失敗　岡部　伸
1208 アメリカ　情報・文化支配の終焉　石澤靖治
1212 メディアが絶対に知らない2020年の米国と日本　渡瀬裕哉
1225 ルポ 外国人ぎらい　宮下洋一
1226 「NHKと新聞」は嘘ばかり　髙橋洋一
1231 米中時代の終焉　日高義樹
1236 韓国問題の新常識　Voice編集部［編］
1237 日本の新時代ビジョン　鹿島平和研究所・PHP総研［編］
1241 ウッドロー・ウィルソン　倉山　満
1248 劣化する民主主義　宮家邦彦
1250 賢慮《けんりょ》の世界史　佐藤　優／岡部　伸
1254 メルケル 仮面の裏側　川口マーン惠美
1260 中国vs.世界　安田峰俊
1261 NATOの教訓　グレンコ・アンドリー

1274 日本を前に進める　河野太郎
1287 トランプvsバイデン　村田晃嗣
1289 日本の対中大戦略　兼原信克
1292 タリバンの眼《め》　佐藤和孝
1297 誤解しないための日韓関係講義　木村　幹
1300 お金で読み解く世界のニュース　大村大次郎
1304 儲かる!米国政治学　渡瀬裕哉
1306 ウクライナ戦争における中国の対ロ戦略　遠藤　誉
1309 「動物の権利」運動の正体　佐々木正明
1325 台湾に何が起きているのか　福島香織
1327 政治と暴力　福田　充
1332 習近平三期目の狙いと新チャイナ・セブン　遠藤　誉
1354 北極海　世界争奪戦が始まった　石原敬浩
1384 新・宇宙戦争　長島　純
1387 台湾有事と日本の危機　峯村健司
1388 日本人の賃金を上げる唯一の方法　原田　泰
1398 日本企業のための経済安全保障　布施　哲
1403 自民党はなぜここまで壊れたのか　倉山　満
1404 気をつけろ、トランプの復讐が始まる　宮家邦彦
1410 13歳からの政治の学校　橋下　徹

［経済・経営］

187 働くひとのためのキャリア・デザイン　金井壽宏
379 なぜトヨタは人を育てるのがうまいのか　若松義人
450 トヨタの上司は現場で何を伝えているのか　若松義人
543 ハイエク　知識社会の自由主義　池田信夫
587 微分・積分を知らずに経営を語るな　内山　力
594 新しい資本主義　原　丈人
752 日本企業にいま大切なこと　野中郁次郎／遠藤　功
852 ドラッカーとオーケストラの組織論　山岸淳子
892 知の最先端　クレイトン・クリステンセンほか［著］／大野和基［インタビュー・編］
901 ホワイト企業　高橋俊介
932 なぜローカル経済から日本は甦るのか　冨山和彦
958 ケインズの逆襲、ハイエクの慧眼　松尾　匡
985 新しいグローバルビジネスの教科書　山田英二
998 超インフラ論　藤井　聡
1023 大変化——経済学が教える二〇二〇年の日本と世界　竹中平蔵
1027 戦後経済史は嘘ばかり　髙橋洋一
1029 ハーバードでいちばん人気の国・日本　佐藤智恵
1033 自由のジレンマを解く　松尾　匡
1080 クラッシャー上司　松崎一葉
1084 セブン-イレブン1号店　繁盛する商い　山本憲司
1088 「年金問題」は嘘ばかり　髙橋洋一

［**思想・哲学**］

1396 神なき時代の「終末論」　佐伯啓思
1397 本当の人生　和田秀樹
1413 仏教の未来年表　鵜飼秀徳

［医療・健康］

499 空腹力　石原結實
801 老けたくなければファーストフードを食べるな　山岸昌一
912 薬は5種類まで　秋下雅弘
926 抗がん剤が効く人、効かない人　長尾和宏
947 まさか発達障害だったなんて　星野仁彦／さかもと未明
1007 腸に悪い14の習慣　松生恒夫
1013 東大病院を辞めたから言える「がん」の話　大場　大
1047 人間にとって健康とは何か　斎藤　環
1053 iPS細胞が医療をここまで変える　山中伸弥［監修］／京都大学iPS細胞研究所［著］
1056 なぜ水素で細胞から若返るのか　辻　直樹
1139 日本一の長寿県と世界一の長寿村の腸にいい食事　松生恒夫
1143 本当に怖いキラーストレス　茅野　分
1156 素敵なご臨終　廣橋　猛
1173 スタンフォード大学教授が教える 熟睡の習慣　西野精治
1200 老化って言うな！　平松　類
1240 名医が実践する「疲れない」健康法　小林弘幸
1244 腰痛難民　池谷敏郎
1285 健康の9割は腸内環境で決まる　松生恒夫
1314 医療貧国ニッポン　奥　真也
1338 もしかして認知症？　浦上克哉
1339 5キロ痩せたら100万円　荻原博子
1341 60歳うつ　秋田　巌
1344 65歳からは、空腹が最高の薬です　石原結實
1346 定年後の壁　江上　剛
1360 頭がいい人、悪い人の健康法　和田秀樹
1369 職場の発達障害　岩波　明
1395 百歳まで歩ける人の習慣　伊賀瀬道也
1402 新型コロナは人工物か？　宮沢孝幸

［自然・生命］

1016 西日本大震災に備えよ　鎌田浩毅
1257 京大　おどろきのウイルス学講義　宮沢孝幸
1272 「性」の進化論講義　更科　功
1349 なぜ私たちは存在するのか　宮沢孝幸
1407 M9《マグニチュード》地震に備えよ　南海トラフ・九州・北海道　鎌田浩毅